KB179385

마음은 괜찮냐고   시가 물었다

마음은 괜찮냐고   시가 물었다

황 인 환 지 음

시 읽어주는
정신과 의사가
건네는
한 편의 위로

whale books

내가
시를 읽는
이유

　　　　　　　언제부터 시를 읽었는가 생각해 보면 잘 기억이 나지 않습니다. 아마도 학창 시절 문학 시간이었을 것입니다. 읽었다기보다는 밑줄 치고, 받아 적고, 문제를 푸는 것에 가까웠죠. 스무 살에는 멋있어 보여서 시집을 들고 다니며 읽고 외웠던 것 같습니다. 그리고 조금 차분해졌던 서른쯤, 정신과 의사가 되어 읽은 시는 모호하고, 따뜻하고, 좋았습니다.

　제가 시에 왜 그토록 매료됐던 것인지 생각해 보았습니다. 첫 번째로, 시는 기억하기 쉽습니다. 소설이나 영화는 아무리 감명받았다고 할지라도 시간이 지나면 대략의 줄거리와 조각조각의 이미지만 기억나는 데에 비해, 시의 구절은 분명하게 떠오릅니다. 압축되어 있어 기억하고 싶은 한 구절을 품고 다니며 필요할 때마다 바로 꺼내어 읽을 수 있습니다.

두 번째로, 시에는 보편성이 있습니다. 힘들어하는 사람에게 "너만 그런 게 아니야. 다 그렇게 힘들어"라고 말하면 자칫 대수롭지 않게 여기는 것처럼 느낄 수 있습니다. 이에 반해 시는 설득력 있으면서도 따뜻한 위로를 전합니다. 이를테면 "나무줄기를 따라가 보면 상처 없는 나무가 없다"라고 이야기하는 박두순 시인의 〈상처〉를 읽으면 '나만 상처 입고 시달리며 사는 게 아니구나', '시인도 시의 화자도, 그리고 시를 읽은 많은 사람들도 나와 같은 마음을 갖고 있었구나' 생각하며 안심이 됩니다. 상처가 나를 더 단단하게 해줄 것이라는 조언도 진심으로 다가옵니다. "너만 그런 게 아니야. 다 그렇게 힘들어"라는 시의 말에는 따스하면서도 강한 힘이 있습니다.

마지막으로, 시는 모호합니다. 모호함은 시를 어려워하게 되는 이유이기도 합니다. 속도와 생산성을 강요받는 세상에서 살아가는 우리는 분명한 메시지와 정해진 결말로 빠르게 나아가는 전개를 선호합니다. 생각할 여유가 없어 당장 이해할 수 없으면 지나쳐 버립니다.

하지만 우리는 모호함을 견딜 수 있어야 하고, 가만히 들여다보며 그 안에서 의미를 찾아낼 수 있어야 합니다. 이는 내 마음을 들여다보는 과정이기도 합니다. 모호함을 어떻게 해석하고 구체화하는지에는 결국 내 마음이 반영됩니다. 모호한 시를 읽고 음미하는 과정처럼 모호한 내 마음을 들여다보고, 내 마음은 어떠한지, 왜 그런 감정을 느꼈는지 생각해 볼 수 있습니다.

아무도 그날의 신음 소리를 듣지 못했다
모두 병들었는데 아무도 아프지 않았다

— 이성복, 〈그날〉

제가 좋아하는 이성복 시인의 시 〈그날〉의 일부입니다. 현대사회는 매우 번듯해 보입니다. SNS나 개인 방송, 텔레비전 프로그램 등을 보면 다들 잘 살고 있는 것 같습니다. 완전무결함은 옛날부터 모든 인간의 소망이었지만, 현대사회만큼 이를 실현하기 위한 조건이 갖춰진 때는 없었습니다. 환경이 마련되자 완벽해지려는 욕망 또한 본격화되었습니다. 예를 들어 돈을 많이 벌기 위해서는 많은 시간과 노력이 필요하지만, SNS에서는 비싼 물건의 사진을 올리는 것만으로도 쉽게 돈 많은 사람이 될 수 있습니다. 지혜로운 사람이 되기 위해서는 지식과 경험을 쌓는 노력이 필요하지만, SNS에서는 멋진 말을 적어놓는 것만으로도 사람들이 그렇게 봐주기도 합니다. 점점 더 숨기고 싶은 부분은 숨기기 쉬워지고, 원하는 모습으로 보이는 것이 가능해지고 있습니다. 주변을 둘러보면 아픈 사람은 아무도 없습니다. 나만 아픈 것 같지만, 사실은 나조차 아프지 않게 보일 수 있습니다. "모두 병들었는데 아무도 아프지 않았다"라는 시인의 표현이 무겁게 다가옵니다.

시와 마음은 많이 닮았습니다. 모두 가만히 들여다보지 않으면 보이지 않으니까요. 시는 짧지만, 그렇다고 빠르게 읽을 수 있는 것은 아닙니다. 긴 시간을 들여 천천히 읽어야 이해할 수 있습니다. 마음도 마찬가지입니다. 겉으로 드러나는 단편적인 기분보다 안에 더 많은 감정이 담겨 있습니다. 마음은 복잡하고 모호하여 시처럼 가만히 들여다보아야만 이해할 수 있습니다.

시는 우리의 인생과도 닮았습니다. 세상은 정해진 코스를 따라야 한다고 요구하는 것 같습니다. 하지만 인생이 꼭 도달점을 향해 나아가는 직주로가 아니라는 사실을, 저는 스무 살쯤에 가장 크게 느꼈습니다. 저는 대학교를 세 군데나 다녔습니다. 첫 학교는 추가합격을 했는데 반수를 생각하며 등록했습니다. 두 번째 학교에서의 생활은 만족스러웠으나, 문득 수능을 한 번 더 처러 의대에 기고 싶다는 생긱이 들었습니다. '분위기나 한번 볼까' 하는 가벼운 마음으로 간 입시학원에 왜인지 등록을 하고 돌아왔습니다. 그렇게 세 번째 학교로 의대를 다니게 되었습니다.

수험생도, 대학생도 아닌 상태로 일 년을 온전히 수능에 집중하지도, 제대로 학교생활을 즐기지도 못하는 어쩌면 애매한 나날들이었습니다. 마음속에 강한 확신을 품었던 것도 아니었습니다. 그래서 그저 학교에 다닐 때에는 학과 수업을 열심히 들었고, 이왕 하기로 했으니 수능도 열심히 공부했습니다. 그러다 보니 의사가 되었습니다.

이런 선택들에 뚜렷한 계획과 목표가 있었던 것 같지는 않습니다. 최선의 선택이었는지도 모르겠습니다. 하지만 저는 지금 만족하며 지내고 있습니다. 최고의 결말인지는 알 수 없으나, 선택을 내리고 나서는 최선을 다했기 때문이라고 생각합니다. 선택에 대해 이유를 찾거나 정말로 좋은 선택이었을지 고민하기보다, 주어진 생활에 충실하려고 했습니다. 그것만으로 충분히 의미가 있다고 생각했습니다.

인생을 계획한 대로만 살 수는 없습니다. 물론 방향성 정도는 설정할 수 있겠지만, 그 안에 많은 선택지가 앞을 알 수 없는 모호한 상태로 놓여 있습니다. 항상 최선의 선택만을 할 수는 없고, 차선처럼 보이는 선택을 해야 할 때도 있으며 가끔은 흘러가는 대로 몸을 맡겨야 할 때도 있습니다. 가장 좋은 선택을 좇는 것이 아니라, 내 앞에 놓인 삶 안에서 최선을 다하고, 만족감을 찾아내고, 긍정적인 감정을 느끼며 지내는 것이 행복한 삶에 가까운 게 아닐까 생각합니다.

시를 느껴보고자 하는 과정은 진료실에서 환자분을 만나 이해하고 공감하는 과정과 크게 다르지 않습니다. 짧은 단어 안에 담겨 있는 커다란 마음을 같이 들여다보고 이해해 보려 합니다. 이를 위해 어디로든 치우치지 않은 보편적인 마음을 가져보려고 합니다. 마음을 준비하는 과정에 시가 큰 도움이 되었습니다.

과거의 선택을 후회하고, 한 치 앞도 알 수 없는 미래가 불안해 한 걸음 떼는 것을 주저하는 이들에게 시를 권하고 싶었습니다. 그렇게 마음을 어루만지고, 관계를 돌아보고, 삶의 방향성을 다잡게 하는 시를 고르다 보니 한 권의 책이 되었습니다.

이렇게 적고 나면 시를 굉장히 많이 읽고 안다고 생각할까 봐 조금 걱정이 됩니다. 하지만 그보다는 시의 멋진 표현을 좋아하고, 시의 모호함을 제 마음에 비추어 이해하는 것을 좋아하고, 시를 읽는 시간을 좋아할 뿐입니다.

시의 사려 깊은 문장과 정신건강의학의 합리적인 이론을 함께 살펴보며, 여러분의 마음속 불완전한 것들이 서로 조화를 이루고 균형을 잡아갈 수 있는 방법을 찾길 바랍니다. 모두가 편안하고 행복한 일상을 지내길 소망합니다.

2부　모든 관계는 나로부터 시작된다
과거의 관계에서 생긴 마음의 매듭들

3부 이 세상 모든 곳에 나의 자리가 있다
더 나은 미래를 위해 갖춰야 할 태도들

1부

나도 몰랐던 내 마음을 발견하다

현재의 내 마음과 감정들

나는 괜찮다는
거짓말

"요즘 어때?" 오랜만에 만난 친구의 물음에 늘 그렇듯 "그냥 괜찮았어", "좋았어"라고 대답합니다. 안부를 묻는 부모님의 메시지에는 평소와 비슷하게 별일 없이 잘 지내고 있다는 답장을 보냅니다. 분위기를 망치고 싶지 않아서, 괜히 걱정을 끼치고 싶지 않아서 무덤덤한 말투 안에 피로와 걱정을 숨깁니다. 지치고 힘든 일을 굳이 다 알려줄 필요는 없다고 생각합니다. 그러다 보면 스스로 정말 괜찮은 것 같은 기분이 들기도 합니다. 어쩌면 그렇게 믿고 싶은 것일지도 모르고요. 그렇게 나 자신에게도 감정과 기분에 대해 솔직하지 못하게 됩니다.

영화 〈원더〉는 선천적으로 안면 기형을 가진 아이, 어기가 주인공입니다. 이제 막 열 살이 된 어기는 그동안 27번의 성형수술을 받았는데도 남들과 다른 외모를 가진 자신이 부끄럽습니다. 그래서 언제나 얼굴을 가리고 싶어 합니다. 어기를 진심으로 사랑하는 엄마와 아빠, 누나는 그런 어기가 세상에 잘 적응하기를 응원하죠. 이 영화는 특별한 사연을 가진 인물을 주인공으로 내세우는 여타의 영화와 달리 주변 인물들의 이야기에도 집중합니다. 그 덕분에 어기뿐만 아니라 주변 인물들이 가진 저마다의 고민과 어려움을 엿볼 수 있어요.

특히 주목하고 싶은 인물은 자신도 아직 어리지만 아픈 동생에게 늘 부모님의 관심을 양보해 온 누나 비아입니다. "부모님은 내가 세상에서 제일 이해심이 많다지만, 그건 잘 모르겠어. 난 그저 가족의 문제를 하나 더 만들기 싫었을 뿐이야"라고 말하는 비아는 엄마에게 숙제를 도와달라고 하지도 않고, 아빠가 잔소리하지 않아도 스스로 공부하는 착한 딸입니다. 하지만 또래에 비해 의젓한 비아에게도 혼자서 감당하기 어려운 일은 생기기 마련입니다. 어기가 처음 학교에 가게 돼 어느 때보다 온 가족의 관심이 동생에게 쏠린 그때, 비아 역시 학교에서 어려움을 겪습니다. 방학 동안 연락 한

번 없어 걱정했던 가장 친한 친구 미란다가 눈에 띄게 거리를 두었기 때문입니다. 이유를 알 수 없어 당혹스럽고 혼란스럽지만, 어기 때문에 정신이 없는 부모님에게 자신까지 걱정을 끼치고 싶지 않아 학교 첫날은 어땠냐고 묻는 이삐에게 "진짜 좋았어"라고 대답합니다.

'나까지 힘들게 할 수 없어'라는 생각에 자신의 감정을 숨기는 행동은 비아처럼 어릴 때부터 어른스러워야 한다는 책임감을 강하게 느껴온 이들에게 많이 나타나는 방어기제입니다. 방어기제란 불안이나 위협으로부터 자신을 보호하기 위해 사용하는 심리적 메커니즘을 말합니다. 흔히 부정적인 뉘앙스로 쓰이는 듯하지만 방어기제가 꼭 병리 현상을 의미하는 것은 아닙니다. 논리적인 인과과정에 따라 형성되는 것도 아닙니다. 그저 자신을 보호하기 위해 각자의 성격구조에 맞는 방어기제가 형성될 뿐이죠.

정신분석의 창시자인 지그문트 프로이트Sigmund Freud는 우리 마음이 자아와 이드, 초자아로 이루어져 있다고 했습니다. 무의식을 대표하는 이드는 욕구와 긴장의 방출에만 관심이 있습니다. 도덕과 양심, 자아의 이상으로 구성된 초자아는 해서는 안 되는 것과 해야 할 것을 제시합니다. 이 둘 사이를 중재하는 역할이 자아입니다. 자아의 의식적인 면은 지

나도 몰랐던 내 마음을 발견하다

각된 자료를 통합하고 결정을 내리는 수행 기관이며, 무의식적인 면에는 방어기제가 있습니다. 이드의 욕구가 방출되려고 하면 자아와 초자아, 이드가 갈등하고 불안이 유발됩니다. 이때 현실적으로 받아들일 수 없는 이드의 욕구를 수용 가능한 형태로 만들어 타협을 유도하는 것이 방어기제입니다. 결과적으로 우리는 방어기제를 통해 무의식의 소망을 위장된 형태로 충족할 수 있게 됩니다. 방어기제를 사용하지 않는 사람은 없고, 누구나 일상에서 여러 방어기제를 사용하면서 살아갑니다.

방어기제는 그 종류가 굉장히 다양해서 힘든 일을 참는 데에만 해도 부정, 억압, 억제라는 세 가지 방식이 있습니다. 우선 부정은 사건 자체를 일어나지 않았다고 여김으로써 자신을 보호하는 것을 말합니다. 소중한 사람에게 배신을 당했을 때 그가 그랬을 리 없다고 여기며 현실을 받아들이지 않고 부정하는 경우이죠. 억압은 충동이나 분노, 슬픔과 같은 내부에서 올라오는 감정을 못 본 체하는 것입니다. "나는 상처 안 받아", "나는 진짜 화가 잘 안 나"라고 말하는 사람들을 가정해 볼 수 있습니다. 부정이나 억압이 나에게 위협이 될 만한 일들을 인식하지 못하게 막는 무의식적인 반응이라면, 억제는 분노나 슬픔을 느껴도 드러내지 않기로 선택하는 의식적인 행위입니다.

의학적으로는 그 성숙도에 따라 방어기제를 세 가지로 분류하는데 이에 따르면 부정은 원시적 방어기제, 억압은 신경증적 방어기제, 억제는 성숙한 빙이기제로 구분됩니다. 자아 기능이 안정될수록 성숙한 형태의 방어기제로 부정적인 감정을 해결하는 경향이 있습니다.

힘들고 위태로운 상황에서도 힘들다고 말하지 않고 연신 괜찮다고만 하는 이들은 억제를 주요 방어기제로 사용하는 사람들입니다. 억제는 의식적으로 내린 결정이라는 점에서 성숙한 방어기제이지만 정도가 심해지면 자신의 마음을 돌보는 일에 소홀해지기 쉽습니다. 이런 사람들은 이 정도는 살면서 누구나 겪는 어려움이기 때문에 나약해져서는 안 된다고 생각합니다. 친구들과 만나도 자신의 이야기를 하기보다 들어주는 역할을 자처합니다. 비아도 연극 동아리에서 새로 사귄 친구에게 "연극 동아리 애들은 자기 얘기만 하는데 넌 말을 안 해"라는 말을 듣자 "나는 주로 듣는 편이야"라고 대답하죠. 어린 시절을 온전히 누리지 못하고 일찍 철들어야만 했던 사람들은 자기 이야기를 하는 일이 어색하고, 힘들다고 솔직히 털어놓는 데에 어려움을 겪습니다.

투덜대거나 어리광을 부리지 않기 때문에 사회적인 평가

는 좋은 편이지만, 종종 벽이 있는 것 같다거나 가까워지기 어렵다는 말을 듣기도 합니다. 자신의 감정을 돌보고 주변과 나누는 데에 서툴다 보니 피상적인 관계만 맺을 가능성도 있습니다. 감정을 나누어야 서로의 마음을 이해할 수 있고 가까워지기 마련인데 속마음을 잘 드러내지 않으니까요. 이들은 자신의 걱정과 고민 등 부정적인 감정을 토로하는 행동이 상대에게 민폐이며 철없는 행동이라고 생각합니다. 그래서 본인의 감정을 통제하려 하고 나아가서는 감정보다 주어진 일을 잘 해내는 게 중요하다고 생각합니다.

굳이 뭐하러 힘든 이야기를 하느냐고 묻는 분도 있습니다. 그래봐야 슬픈 마음은 줄어들지 않고 주변 사람들만 힘들게 만드는 것 같으니 말할 필요가 없다는 것입니다. 내가 이야기를 하는 바람에 다른 사람들이 힘들어진다고 가정하고, 미리 죄책감을 느끼는 것이지요.

이런 분들의 심정을 헤아릴 수 있는 시가 있습니다.

잘 지내요,

그래서 슬픔이 말라가요

내가 하는 말을

나 혼자 듣고 지냅니다
아 좋다, 같은 말을 내가 하고
나 혼자 듣습니다

내일이 문 바깥에 도착한 지 오래되었어요
그늘에 앉아 긴 혀를 빼물고 하루를 보내는 개처럼
내일의 냄새를 모르는 척합니다

잘 지내는 걸까 궁금한 사람 하나 없이
내일의 날씨를 염려한 적도 없이

오후 내내 쌓아둔 모래성이
파도에 서서히 붕괴되는 걸 바라보았고
허리가 굽은 노인이 아코디언을 켜는 걸 한참 들었어요

죽음을 기다리며 풀밭에 앉아 있는 나비에게
빠삐용, 이라고 혼잣말을 하는 남자애를 보았어요

꿈속에선 자꾸
어린 내가 죄를 짓는답니다

나도 몰랐던 내 마음을 발견하다

잠에서 깨어난 아침마다
검은 연민이 몸을 뒤척여 죄를 통과합니다
바람이 통과하는 빨래들처럼
슬픔이 말라갑니다

잘 지내냐는 안부는 안 듣고 싶어요
안부가 슬픔을 깨울 테니까요
슬픔은 또다시 나를 살아 있게 할 테니까요

검게 익은 자두를 베어 물 때
손목을 타고 다디단 진물이 흘러내릴 때

아 맛있다, 라고 내가 말하고
나 혼자 들어요.

— 김소연, 〈그래서〉

　　시의 화자는 "아, 좋다", "아, 맛있다"라는 말을 혼자 하고
혼자 듣고, 자신의 슬픔을 깨우는 말은 듣고 싶지 않아 합니
다. "잘 지내냐"는 다정한 안부 인사를 누군가에게 묻지도,

누군가가 물어봐 주기를 원하지도 않죠. 모래성은 허물어지고, 나비는 죽음을 기다립니다. 모든 것을 무너지고 쇠락하는, 살아 있지 않은 상태로 만들어 슬픔을 방어하기로 했습니다. 그러다 누군가 잘 지냈냐고 물으면 대답을 하는 그 작은 틈에 굳게 막아둔 슬픔이 새어 나갈까 봐 사람도 안부도 멀리합니다. 밤마다 슬픈 꿈을 꾸지만, 마음속에 잠재워둔 감정을 깨워 꺼내기보다는 감정이 빨래처럼 마르길 기다립니다. 이 시를 읽었을 때 한 환자분이 했던 말이 생각났습니다. "슬픔은 나누면 반이 되는 게 아니라 슬픈 사람이 둘이 될 뿐인 것 같아요." 그 말이 참 오래 마음에 남더군요.

슬픔은 나누면 반이 되는 게 아니라 두 명이 슬퍼진다는 말은, 어쩌면 맞을지도 모릅니다. 사랑하는 사람이 크게 슬퍼하면 그 감정에 공감하고 자연스럽게 내 마음도 아파지니까요. 하지만 그렇다고 해서 듣는 사람이 같이 슬픔의 늪으로 빠지는 것은 아닙니다. 사람은 사회적 동물이기에 배우고 성장하면서 서로 의지합니다. 사람은 누군가에게 도움을 줄 때 기분이 좋아진다는 연구 결과도 있습니다. 관대함과 너그러움은 우리에게 중요한 진화의 산물로 볼 수 있습니다.

하지만 친절을 베풀 때 행복감을 느끼면서도 정작 자신이 느끼는 어려움을 고백하고 도움을 요청하는 것은 망설이는

나도 몰랐던 내 마음을 발견하다

경우가 있습니다. 이는 아마도 두려움 때문일 것입니다. 도움을 요청하는 것은 별것 아닌 일처럼 보이지만 사실은 거부당하거나 나약함을 들키고, 통제력을 상실하는 등 많은 사회적 위험을 감수해야 합니다. 이런 위험 앞에서 두려움을 느낄 때 반응하는 뇌의 영역이 신체적 고통을 감지할 때 활성화되는 뇌의 부위와 비슷하다는 것은 신경과학 연구에서도 밝혀진 바 있습니다.

저를 찾아오는 환자분들 중에도 본인의 이야기를 꺼내면 이해받지 못하고, 혹은 나약한 사람으로 평가받거나 도리어 공격을 받을까 봐 걱정하는 분들이 많습니다. 그런 분들은 상담이 한참 진행된 후에야 정말 하고 싶었던 이야기를 꺼냅니다. 그 기간은 몇 달이 될 수도 있지만 1~2년의 긴 시간이 필요할 수도 있습니다. 태어나서 처음으로 이 이야기를 입 밖으로 꺼내 본다고 말하는 분도 있어요. 이야기를 해도 안전하고, 상대가 나를 함부로 평가하거나 판단하지 않을 것이며, 나의 슬픈 감정이 상대를 힘들게 하지 않는다는 확신이 생기고 나서야 마음속 이야기를 할 수 있게 되죠.

류시화 시인의 《새는 날아가면서 뒤돌아보지 않는다》에서 어느 아프리카 부족의 우울증 처방에 관한 이야기를 읽은 적이 있습니다. 그 부족에서는 우울해서 찾아오는 사람에게 다음의 네 가지를 물어본다고 합니다. 마지막으로 노래한 것이 언제인가, 마지막을 춤을 춘 것은 언제인가, 마지막으로 자신의 이야기를 한 것은 언제인가, 마지막으로 고요히 앉아 있던 때는 언제인가. 이 네 가지 행동을 한 지 오래되었다면 마음이 병드는 것은 당연하다는 것이었죠. 꽤 그럴듯한 처방이라는 생각이 듭니다.

의지하고 기댈 수 있는 관계가 필요 없는 사람은 없다고 봐도 무방합니다. "여기는 태양이다. 엄마와 아빠와 나는 태양을 도는 행성이지만 난 동생을 사랑하고 이 우주에 익숙하다"라고 말하는 비아조차 엄마가 자신을 한 번 봐주기를 바라거든요. 유의미한 관계가 없어도, 속마음을 터놓지 않아도 괜찮다고 말한다면 강요할 수는 없겠지요. 하지만 마음이 힘들다면 문제입니다. 다른 사람에게 말하지 못하더라도 자신은 알아봐 주어야 해요. 나약하게 왜 힘들어하냐고 스스로 채찍질하기보다 자신의 마음을 돌봐주어야 합니다. 그리고 그 과정에서 누군가에게 편하게 이야기하고 싶다는 바람이 든다면 용기를 내어보는 것도 좋은 방법일 것입니다.

자신을 드러내고 속마음을 이야기할 줄 몰랐던 비아는 연극 동아리에서도 배우 대신 조명팀을 선택합니다. 연습이 끝나고 공연일이 다가오지만 자신이 무대에 올라가는 것도 아니고, 늘 그랬듯이 부모님은 바쁠 테니 보러 오라는 이야기도 하지 않습니다. 공연 소식을 들은 엄마는 왜 말하지 않았냐고 비아를 다그치죠. 그러자 비아는 소리칩니다. "평생 나한테 관심도 없더니 왜 갑자기 그래? 어기가 이제 학교에 가니까 심심해?"

친한 친구나 가족, 연인에게까지도 직장 동료를 대하듯이 배려하고 심리적으로 거리를 두는 건 건강한 관계라고 할 수 없습니다. 오히려 억제했던 감정들이 예상치 못한 시점에 터져서 관계에 균열을 낼 수도 있습니다. '별것도 아닌데', '이야기할 만한 일도 아닌데'라는 생각이 들어도 조금씩 자신의 이야기를 하는 법을 연습하는 것이 어떨까요?

속마음을 털어놓는 것이 힘든 사람들에게는 안전한 이야기부터 시작하는 것이 도움이 됩니다. 처음부터 내 모든 것을 보여주려 하기보다, 나를 덜 드러내 보일 수 있는 주제부터 시작해 보세요. 시점으로 보면 과거보다는 현재가, 대화 주제로 보면 생각과 기분보다는 표면적인 상태에 대한 이야기가 더 안전합니다. "요즘 나는 이런 걸 보고, 이런 걸 하면서 지내"부터 시작해서 "요즘 나는 이런 생각을 해"로 나아가고 "나는 이런 기분을 느꼈어. 요새 내 마음은 이래" 순으로 대화를 발전시켜 보세요. 심리적 부담이 덜한 소재부터 이야기를 해나가는 것이 도움이 될 것입니다.

엄마와 부딪쳤던 비아도 용기를 내어 연극을 보러 와줬으면 좋겠다고 이야기하고, 가족들은 비아의 공연을 보러 갑니다. 가족들이 비아를 응원하러 온 것을 보고 주연배우이자 가장 친한 친구였던 미란다가 꾀병을 부려 자신 대신 비아를 무대에 올리고 비아는 성공적으로 연극을 이끌어 박수를 받습니다. 어기라는 태양을 도는 행성에 불과했던 비아가 이 날만큼은 자신의 우주에서 태양이 된 것이죠.

우리는 모두 우리 삶의 태양이자 주연배우입니다. 그렇기 때문에 내 이야기를 좀 들어보라고, 나는 요즘 이렇게 지낸다고 이야기하는 건 전혀 민폐를 끼치는 행동이 아닙니다. 오히려 자연스러운 일이지요. 의젓하고 성숙하게 다른 사람의 이야기를 들어주는 역할만 하다가 갑자기 힘든 이야기를 털어놓고 위로와 조언을 구하려고 하면 낯설고 어색하게 느껴질 수 있습니다. 어리광을 부리는 건 아닐까 하는 걱정도 들겠지요.

어리광처럼 느껴지는 건 그 과정이 일시적인 퇴행일 수 있기 때문입니다. 견고하게 쌓아 올린 벽에 조금의 틈을 내는 것이니까요. 이 틈으로 인해 벽이 무너지면 어쩌지, 이 틈으로 새 나온 마음 때문에 상대와의 관계가 안 좋아지면 어쩌지 하는 불안을 느낄 수 있습니다. 하지만 안전한 상황과 관계에서는 이따금 적당하게 퇴행하는 것도 괜찮습니다. 이를 통해 내 마음을 보이기도 하고, 공감받기도 하며, 상대와 가까워진다고 느끼기도 합니다. 그러고 난 후에 다시 이 틈을 메워 원래 내 모습으로 잘 돌아올 수도 있어야죠.

지금까지 속마음과 감정을 억제하는 것으로 자신을 보호해왔지만, 이제는 조금 지친 것 같다는 마음이 든다면 방어기제를 돌아보는 시간을 가졌으면 좋겠습니다. 여전히 자신의 이야기를 하기보다는 남의 이야기를 듣는 것이 익숙할 수도 있지만, 지금부터라도 다른 사람에게 기대는 연습을 해보는 건 어떨까요? 나의 이야기를 들어줄 사람이 나 혼자만은 아닙니다. 상대방은 여러분과 함께 슬퍼해 줄 의사가 충분히 있습니다. 나의 이야기를 함께 듣는 과정을 통해 그 관계에서 느끼는 안전함도 더 커질 것이고, 상대방도 나와 더 가까워졌다는 느낌을 받을 겁니다.

언제나
최악의 시나리오를
그리는 당신에게

세상은 우리를 불안하게 하는 것들로 가득합니다. 실제로도 불안감을 호소하는 사람들은 점점 늘어나고 있습니다. 2019년 건강보험심사평가원 자료에 따르면 불안장애 진료 환자는 69만 924명으로 2014년 53만 2384명에서 5년간 29.8%가 증가했다고 합니다. 안타까운 사실은 20대가 2014년 3만 7217명에서 2018년 6만 8751명으로 84.7%의 가장 높은 증가율을 보였다는 점입니다.

많은 분들이 출근할 때마다 불안해서 숨이 가빠지거나 침대에 누울 때마다 걱정 때문에 잠이 잘 오지 않는다고 이야기하며 진료실을 찾습니다. 비단 진료실에서뿐만 아니라 주변만 둘러봐도 불안과 걱정에 고통스러워하는 이들이 많습니다. 최근 모임에서 한 친구를 오랜만에 만났는데 제 기억 속의 모습보다 살이 많이 빠져 있었습니다. 못 본 사이에 좀 야윈 것 같다고 말을 건네자 안 그래도 요즘 회사에서 중요한 프로젝트를 맡아 걱정이 많다고 하더군요. 꼭 성공해 내야 한다는 부담감도 크고, 이것저것 신경 쓸 게 한둘이 아니어서 스트레스도 많이 받는다고요. '거래처에서 기한을 안 맞춰주면 어쩌지?', '동료들이 내 계획에 협조해 주지 않으면 어쩌지?' 같은 불안은 물론이고, 기껏 완수했는데 발표 당일 차가 막혀 참석하지 못하는 꿈을 꾸다가 새벽에 깨어난 적도 여러 번이라고 합니다. 친구는 꼬리에 꼬리를 무는 불안 때문에 힘들다고 털어놓았습니다. 자주 체하고 속도 좋지 않아 병원에 갔는데 스트레스로 인한 것이니 마음을 편히 가지라는 말만 한다고 답답해했습니다. 그러면서 저에게 물었습니다. "걱정을 안 하거나 스트레스를 안 받는 방법이 있어?"

세상일을 손바닥 위의 장난감처럼 내 마음대로 이리 굴리고 저리 굴리고 할 수 있다면 좋겠지만, 살아가다 보면 우리가 누군가의 손바닥 위에 있는 장난감이 아닐까 하는 생각이 듭니다. 그만큼 내 의지와 상관없이 흘러가는 일이 많고,

예상과 다르게 전개되는 경우도 허다하며 그런 와중에 살아남으려면 뭐든 잘 해내야 한다는 압박감에 스트레스도 크게 받죠.

현실적으로 말하자면, 살면서 스트레스를 안 받는 것은 불가능한 일입니다. 그리고 스트레스를 받았을 때 안 힘들 수도 없죠. 아무런 시련 없이 꽃길만 걷고 있을 것 같은 사람도 그 속을 들여다보면 각자의 걱정거리들이 있을 거예요. 따라서 스트레스를 안 받으려고 노력하는 일은 무의미하고 그저 우리가 할 수 있는 일은 스트레스를 적절히 해소하며 해야 하는 일과 할 수 있는 일을 해나가는 것뿐입니다. 그런데 종종 자신을 더 극심한 스트레스 상황으로 몰아넣는 분들이 있어요. 자신이 처한 상황을 지나치게 부정적으로 해석하여 걱정과 불안을 자가발전하는 것이지요.

학창 시절 시험기간에 압박감을 못 견뎌서 유난히 안절부절못했던 친구들을 떠올려 볼까요? 다른 친구들은 '내일 국어 시험 어려우면 어떡하지? 점수 잘 나와야 안 혼나는데' 정도의 걱정을 한다면 이 친구들은 '시험에 내가 공부 안 한 문제가 나오면 어떡하지? 그러면 시험을 망칠 테고 내신 등급도 떨어지고 대학교 입시에도 영향을 미치겠지? 결국 취직에도 실패할 거고, 내 인생은 망하고 말 거야. 난 끝났어'라는

나도 몰랐던 내 마음을 발견하다

데까지 생각이 미칩니다. 이러한 방식으로 인지에 왜곡이 생기는 것을 재앙화catastrophizing라고 합니다. 다른 말로 파국화, 부정적 과장이라고도 하는데 부정적 사건이 비합리적으로 과장되어 최악의 결과를 가져올 것이라고 생각하는 인지적 오류입니다. 상황에 대한 비현실적인 두려움, 위험한 결과에 대한 과대평가, 자신의 대처 능력에 대한 과소평가가 합쳐져 불안을 강화합니다.

우리는 번번이 불안을 과대평가하고 쉽게 최악을 생각합니다. 작은 일에도 '내 인생은 망했어'라고 낙담하고 자기 자신에게 실망합니다. 인간의 뇌는 굉장히 효율적인 기관이어서 처음에는 A라는 생각에서 B라는 결과까지 가는 데에 여러 단계를 거치지만, 이 과정을 몇 번 반복하면 효율성을 발휘해 중간 과정을 모두 생략하고 A에서 B로 한 번에 넘어가게 됩니다. 이를 자동적 사고라고 하는데요, 생각에서 결과로 짧은 시간 안에 도착하는 지름길이 난 것과 같습니다. 자동적 사고는 환경과 경험에 따라 사람마다 모두 다르게 설정됩니다.

자동적 사고는 우리가 빠르게 판단을 내리고 상황에 대처하도록 돕지만, 문제는 이 자동적 사고가 재앙화로 설정되어 있을 경우입니다.

A 아침에 문을 잘 닫고 나왔나? (문이 제대로 안 닫혀서 도둑이 들어 중요한 걸 훔쳐가거나, 숨어 있다가 나를 위협하면 어떡하지) → B 난 큰일 날 거야.

A 이 정도 보고서로 부장님이 만족하실까? (혹시 부장님이 마음에 안 들어서 전 직원들 앞에서 큰 소리로 비난하시면 어떡하지? 앞으로 모든 프로젝트에서 배제되고 승진도 못하고 잘릴지도 몰라) → B 난 망할 거야.

A 면접 때 말실수를 하면 어떡하지? (이상한 말을 해서 면접도 떨어지고 업계에 이상한 사람으로 소문나서 결국 이직을 못할지도 몰라. 계속 이 회사에 있으면서 발전도 못하고 초라하게 퇴직하겠지) → B 난 보잘것없어질 거야.

그렇게까지 생각할 일이 아닌데도 과하게 걱정하고, 닥쳐올 일들이 두려워 좀처럼 잠들지 못합니다. 결국 불안이 불안을 부르고 스트레스가 더 큰 스트레스를 만드는 악순환에 빠지게 됩니다.

자주 불안감을 느끼는 분들이라면 다음 시에 공감하실 것 같습니다.

나는 왜,

앞에 가는 자동차 번호판 숫자를
바꾸고 싶을까.
5679는 5678이나 4567로 순서를 맞추고 싶고
3646은 3636으로, 7442는 7447로 짝을 맞추고 싶을까.
5679, 3646, 7442는 나를 불안케 한다.

나는 왜,
카세트테이프는 맨 앞으로 돌려서 처음부터 들어야 하고
삐긋이 열린 장롱문은 꼬옥 닫아야 하고
주차할 때 핸들은 똑바로 해두어야 하고
손톱은 하얀 부분이 보이지 않도록 바짝 깎아야 할까.
테이프와 장롱문과 핸들과 손톱이 나를 불안케 한다.

나는 왜,
시계는 1분쯤 빨리 맞추어 두고
컴퓨터의 백업 파일은 2개씩 만들어 두고
식당에서는 젓가락을 꼭 접시 위에 얹어 두어야 하고
손을 씻을 때면 비눗기가 느껴지지 않을 때까지 손을 헹구
어야 할까.
시계와 컴퓨터와 젓가락과 비누가 나를 불안케 한다.

나도 몰랐던 내 마음을 발견하다

그래도 나는,

나를 불안케 하는 것들과 함께 살아간다.

잘 살아가고 있다.

– 박상천, 〈5679는 나를 불안케 한다〉

혹시 시의 화자처럼 문을 꼭 닫고, 핸들을 똑바로 하고, 시간을 빨리 맞추고, 백업 파일을 두 개는 만들어야 안심하시나요? 나쁜 일이 일어날지도 모른다는 불안감이 심해지면 걱정이 많아지고 일상에서 강박적인 행동을 반복하게 됩니다.

요즘 부쩍 사소한 어긋남이 신경 쓰이고 여러 번 확인해도 불안이 가라앉지 않는다면, 한 번쯤 내 상황을 둘러볼 필요가 있습니다. 의식적으로 의도하진 않았지만 마음이 나를 보호하기 위해 덜 힘든 상황으로 불안을 옮겨왔을 수 있습니다. 어렵고 중요한 일에 대한 불안에서 눈을 돌리고자 덜 어렵고 덜 중요한 일로 불안을 옮기고 이를 통제하려고 하는 거죠.

재앙화 사고 때문에 힘들어하는 사람에게는 모든 일에서 통제권을 잃은 것이 아니라 통제할 수 있는 영역이 남아 있다는 사실을 알려주는 것이 도움이 됩니다. 최악의 상황을 상상하는 사람들의 이야기를 들어보면 막연하게 큰일 날 것 같다는 생각에 갇혀 있는 경우가 많습니다. "전 망하고 말 거예요"라고 말하는 사람들에게 "망하는 게 뭐에요?"라고 물어보면 대부분은 정확하게 설명하지 못합니다.

설령 망하는 것이 직장도 가족도 집도 없이 지내는 일이라고 할지언정, 시험 점수가 낮게 나오는 일에서 직장도 잃고 가족도 잃고 집도 구하지 못하는 일까지 얼마나 많은 단계가 있는데 그때마다 손을 놓고 있을 것인지 물어보죠. 그러면 다들 고개를 젓습니다. 생각보다 엄청난 재앙이 발생할 가능성은 적고, 만약 그렇다 하더라도 진짜 재앙이 일어나기까지 바로잡을 수 있는 기회는 얼마든지 있다는 사실을 생각해 낼 수 있어야 합니다. 그리고 지금 할 수 있는 일에 집중해야 합니다.

보다 구체적으로는 A에서 B로 넘어가는 사이에 생략된 사고과정을 알아내기 위해 생각을 손으로 써보는 것이 도움이 됩니다. 우선은 불안을 일으킨 사건이나 상황을 적고, 그때 무슨 생각을 했는지를 자세히 써봅니다. 큰일이 일어날 것이라는 막연한 생각을 구체적으로 살펴봄으로써 생각의 실체를 확인하는 거죠. 내가 생각하는 '큰일'이나 '망한다'는 건 대체 무엇인지, 실제로 그 일이 일어날 확률은 얼마나 되는지, 그 일이 발생할 것이라는 합리적인 근거는 있는지 하나하나 적어봅니다.

그리고 각 단계마다 내가 어떤 대처를 할 수 있을지 적고, 그에 따라 재앙적 결과가 어떻게 달라질 수 있는지 등을 함께 살펴보세요. 이는 불안이라는 감정의 영역에 있는 일들을 인지의 영역으로 가져오는 과정입니다. 이 과정을 통해서 내가 걱정하는 최악의 상황이 현실적으로 일어나기 힘든 일이라는 사실을 확인할 수 있습니다.

만약 시험 때문에 불안을 느낀다면 공부가 위험을 줄여주는 행동일 것입니다. 공부에 집중해서 시험을 망친다는 위험을 줄이는 거예요. 컨디션이 좋지 않아 제대로 집중하지 못할까 봐 걱정된다면 전날에 충분한 수면 시간을 확보해서 최대한 또렷한 정신으로 시험을 보도록 해야겠죠. 아침에 허둥지둥하다가 컴퓨터 사인펜을 놓고 갈까 봐 걱정된다면 미리 짐을 싸두는 것이 해소법이 될 테고요. 재앙적 사고과정에서는 다양한 영역에서 일어날 수 있는 온갖 것들을 걱정하게 됩니다. 이 걱정들이 모두 내 통제와 상관없이 일어나는 일인지 확인하고, 발생 가능성을 낮추기 위해 사전에 대비할 수 있는 일들은 실행하는 것이 걱정을 줄이고 불안을 해소하는 데에 효과적입니다.

결국 비현실적인 최악의 상황을 상상하는 재앙화 사고에서 벗어나기 위해서는 내가 지금 하는 생각이 얼마나 비합리적인지 인정해야 합니다. 상통문을 제대로 닫지 않아도, 핸들을 똑바로 두지 않아도, 손에 비눗기가 조금 남아도 세상도 여러분도 망하지 않습니다. 회사에서 중요한 프로젝트를 맡았을 때, 중요한 시험을 앞두고 있을 때 잘해내야 한다는 생각에 약간의 불안감을 느끼고 스트레스를 받는 것은 자연스러운 일입니다. 이 세상에서 어떤 일에도 불안해하지 않고 스트레스를 받지 않는 사람은 없습니다. 정신과 의사인 저는 물론이고, 여러분이 상상하는 완벽한 모습의 누군가도 마찬가지일 것입니다. 다만 프로젝트를 완벽하게 통과하지 못해도, 시험에 합격하지 못해도 회복 불가능한 나락으로 떨어지지 않는다는 사실을 인지해야 합니다.

특정 사건이 재앙으로 이어지기 위해서는 굉장히 여러 단계를 거쳐야 하는데, 그렇게 되기까지 여러분이 스스로를 방치할 리 없습니다. 생각처럼 최악의 상황은 쉽게 오지 않아요. 설령 별일이 발생하더라도 우리에게는 충분히 대처할 수 있는 힘과 회복할 수 있는 능력이 있습니다. 최악을 걱정하며 불안해하기보다는 처한 상황을 슬기롭게 이겨낼 수 있도록 현재에 집중해 보세요.

무엇보다 우리는 충분히 불안을 감수하며 앞으로 나아갈 수 있는 사람입니다. 박상천 시인이 그를 불안하게 하는 것들을 없애는 게 아니라, 그것과 함께 살아가겠다고 결심한 것처럼 말입니다.

지금 여기서
나의 가치를
높이는 법

"K 너무 재밌지 않아? 저번에 같이 밥 먹었는데 웃느라 한 시간이 금방 가더라."

"아, 그랬어?"

J는 아무렇지 않은 척 대답하지만 깊은 생각에 빠집니다. 내가 말주변이 없어서 나와 있을 때는 별로 재미있지 않다는 걸까? 혹시 지금 좀 지루한 걸까? 동료의 눈치를 살피다 곧 자괴감이 몰려옵니다. 나는 왜 이렇게 자존감이 낮을까….

K는 쾌활한 성격에 배려심도 넘쳐 직장 동료들에게 인기가 많습니다. J와 마주칠 땐 가볍게 목례만 하던 동기가 K와

만나면 어깨를 붙잡고 반가움을 표시합니다. J도 나름대로 사람들과 어울리기 위해 먼저 말을 걸거나 사소한 부분을 칭찬하려고 노력하는데, 언제나 회식 자리에서 분위기를 주도하는 건 K입니다.

처음에는 그저 부러웠는데 시간이 갈수록 부족한 자신이 미워집니다. 아무리 일을 열심히 해도 상사들은 나보다 K를 더 좋아하는 것 같습니다. 다른 사람들에게 호감을 주지 못하는 스스로가 원망스럽고, 급기야는 웃으며 친절을 베푸는 K의 행동이 얄밉게 느껴집니다.

인간은 무리를 이루며 살아갈 수밖에 없고 그 과정에서 여러 기준에 의해 평가받는 일이 자주 발생합니다. 그런데도 비교당하는 데에는 절대 익숙해지지 않아요. 매우 스트레스를 받는 일입니다. 비교적 성과가 직접적으로 드러나는 회사나 학교에서는 더 쉽게 자존감을 위협받곤 하죠. 며칠 전 상담을 온 한 대학생도 다음과 같은 고민을 털어놓았습니다.

"분명 그 친구는 시험기간에도 놀 거 다 놀았고, 저는 다 포기하고 열심히 공부만 했는데 항상 성적은 걔가 더 높게 나와요. 같은 수업을 들어도 저는 이해가 안 되어서 머리를 싸매고 있는데 걔는 고개를 끄덕이고 있고요. 제가 멍청한 것처럼 느껴지고, 걔 앞에만 있으면 작아지는 기분이에요.

정말 친하고 저한테도 잘해주는 친구인데 점점 그 친구랑 같이 있는 게 힘들어요. 어떻게 해야 떨어진 자존감을 회복하고 전처럼 잘 지낼 수 있을까요?"

자존감은 '자기 손중감'을 뜻하는 말로, 스스로를 존중하는 감정이라 할 수 있습니다. 워낙 많이 사용되는 용어로 많은 심리적 문제의 원인으로 빈번히 지목되곤 하죠. 물론 자존감은 중요한 가치이지만, 우리가 느끼는 모든 부정적인 감정의 원인이 자존감에 있다고 보는 것은 조심해야 합니다. "난 자존감이 낮은 사람이라 그래"라는 말로 쉽게 문제를 진단하려 하는 건 조금 위험하다고 생각합니다. 자존감에 대해 좀 더 정확하게 이해하기 위해서 우선 자존감이 어떻게 형성되는 것인지 살펴볼 필요가 있습니다.

자존감은 인생의 과업을 얼마나 잘 달성해 왔느냐에 영향을 받습니다. 과업은 인간의 발달과정의 각 국면에 주어진 과제라고 볼 수 있어요. 어린 시절에는 부모의 관심과 사랑을 잘 받는 것이 중요한 과업입니다. 아직은 자신의 행동이나 인식을 스스로 평가하기 어렵기 때문에 부모의 반응을 통해 자신의 능력을 확인합니다. 부모가 공감해 주고 기분 좋은 반응을 해주면, 이를 통해 '내가 잘하고 있구나', '나는 사랑받을 만한 사람이구나', '나는 중요하고 가치 있는 사람

나도 몰랐던 내 마음을 발견하다

이구나'와 같은 마음이 생겨납니다.

학령기가 되면 관심의 대상이 부모에서 친구로 옮겨갑니다. 친구들 사이에서 내가 얼마나 괜찮은 사람인지를 확인받으며 스스로의 가치와 중요함을 느끼게 됩니다. 공부에 대한 압박도 존재하겠지만, 이 시기에는 스스로 문제를 해결하는 과정을 통해 자존감을 쌓아나갑니다.

이 종류의 과업은 보통 20대에 들어서 결과를 얻게 됩니다. 가고 싶은 학교나 학과에 진학을 했는지, 하고자 하는 일을 할 수 있는 사람이 되어가고 있는지가 중요해집니다. 중시하는 관계도 부모와 친구에서 벗어나 연인으로 옮겨갑니다. 연애를 통해 스스로의 가치를 느끼게 되지요. 이 시기가 지나면 하고 싶은 일을 하고 있는지와 같은 직업적인 과업이 중요해지고, 관계 측면에서도 새로운 가족을 이루며 또 다른 관계가 생겨납니다.

물론 지금까지 이야기한 과업이 모든 사람에게 동일하게 적용되는 것은 아닙니다. 보편적인 것일 뿐, 요즘 같은 다양성의 시대에는 제각기 다른 과업을 설정할 수 있습니다. 또한, 사회적으로 요구받는 과업만 중요한 건 아닙니다. 스스로에게 부여하는 과업이 있다면 이를 잘 달성하는 것도 만족을 느낄 수 있는 방법입니다. 다만 자신에게 중요한 과업을 찾지 못했다면, 방황하기보다는 보편적인 과업을 따르는 편이 좋습니다. 학창 시절에 특별한 목표나 바라는 것이 없어 고민했던 분이 있을 것입니다. 이럴 때는 하고 싶은 것도, 잘하는 것도 없나고 느껴서 멈추어 있기보다는 학생에게 보편적으로 요구되는 공부를 열심히 하고 성적을 잘 받는 쪽이 스스로에 대해 긍정적인 느낌을 받는 데에 유리할 것입니다.

우리는 성장과정에서 다양한 과업을 이루고자 노력하며, 이를 만족스럽게 이뤄나갈수록 스스로 괜찮은 사람이라 느끼게 될 가능성이 높습니다. 반대로 제대로 충족되지 않고 잦은 좌절을 겪었다면 자기 자신과 환경을 우호적이지 않게 인식하게 되고, 이는 낮은 자존감으로 이어질 수 있습니다.

그렇다고 이미 지나간 시기에 이루지 못한 과업에 매달리는 것은 도움이 되지 않습니다. 어린 시절 부모에게 충분한 애정과 보상을 받지 못한 경우 20대, 30대가 되어서도 주변 사람들과의 비교를 통해서만 자신의 가치를 느끼고 요구나 기대를 충족시키는 데에 과도하게 에너지를 쏟기도 합니다. 현재 더 중요한 과업이 있음에도 관계 형성과 평판 유지에 필요 이상의 노력을 하게 되는 것이죠. 이는 현재를 놓치는 우를 범할뿐더러 무엇보다 이러한 자신을 보며 도리어 자존감이 낮다고 생각하기 쉽습니다.

나도 몰랐던 내 마음을 발견하다

과거의 과업은 이미 지나간 일입니다. 이전의 과업을 성공적으로 달성하지 못했을 수도 있어요. 하지만 우리 앞에는 여전히 많은 인생의 과업이 남아 있습니다. 가장 경계해야 하는 것은 돌아가려는 마음이에요. 우리는 뒤를 돌아보기보다 현재를 살며 앞으로 나아가야 합니다.

J에게는 학창 시절에 친구들과 잘 어울리지 못해 괴로웠던 기억이 있습니다. 내성적인 성격 탓에 새 학기만 되면 스트레스를 받았고, 호의로 베푼 행동이 오해를 불러 친구들의 핀잔을 사기도 했죠. 함께 밥을 먹을 친구가 없어 급식실에서 멋쩍게 서 있기도 했고 갑자기 친구들에게 절교를 당해 아침마다 울면서 등교하기도 했습니다. 다시는 같은 일을 겪고 싶지 않아 대학교에 들어간 이후에는 의식적으로 노력했습니다. 상대방의 입장에서 생각하는 센스 있는 사람이 되기 위해서요. 다행히 그런 노력 덕분인지 꽤 좋은 평판을 얻을 수 있었습니다. 새내기 때에는 학생회에서 활동하기도 했습니다. 그렇게 잘 극복했다고 생각했는데 사실은 그렇지 않았던 모양이에요. 아무리 공부를 잘해도, 혹은 일을 잘해도 사람들이 자신을 좋아하지 않으면 다 쓸모없다는 생각이 자꾸만 J를 지배합니다.

J는 어떻게 해야 이런 마음을 극복할 수 있을까요? 이제

와서 학창 시절의 친구 관계를 보상받으려 하기보다는 지금 자신에게 중요한 과업을 처리하는 게 더 효과적입니다. 과거에서 빠져나와 지금의 나에게 몰입해야 해요. 이미 과거의 과업은 지나간 것으로, 현재의 나에게는 그리 중요한 일이 아님을 인지해야 합니다. 학창 시절보다 더 어린 시절로 시간을 거슬러 올라가 보면, 유치원에도 분명 많은 친구들이 있었을 겁니다. 그때에는 친구들과 어울리는 일이 그렇게까지 큰 스트레스는 아니었을 거예요. 당시 인생의 과업은 부모와의 관계에 있었기 때문입니다. 하지만 10대에 들어서면서 더 이상 부모의 사랑을 받는 것이 가장 중요한 문제가 아니게 되고 친구가 그 자리를 대체하게 되었습니다. 그렇다면 다시 묻겠습니다. 지금의 나에게 정말 많은 사람들과 어울리는 문제가 그토록 중요할까요?

자존감을 건강한 상태로 유지하려면 현재의 과업을 제대로 수행해 내는 것이 중요합니다. 고대 그리스어에 '에우 프라테인eu prattein'이라는 말이 있습니다. 좋음, 혹은 탁월함을 뜻하는 '에우eu'와 행위나 행동을 뜻하는 동사 프라테인prattein이 합쳐진 말로, 어떤 일을 잘한다는 것을 의미합니다. 주목할 점은 이 단어가 '잘하는 것'뿐만 아니라 '잘 사는 것', 혹은 '행복'을 의미하기도 한다는 사실입니다.

고대로부터 행복하다는 것, 잘 산다는 것은 어떤 일을 잘 해내는 것과 밀접하게 관련되어 있었습니다. 예를 들어 제가 의사라는 직업을 가지고 있는데 진료를 잘하지 못한다면, 그래서 제 병원에 어떤 환자도 찾아오지 않는다면 저는 불행할 것입니다. 그래도 행복하다고 이야기한다면 그건 거짓이나 위선일 거예요.

그렇다면 자존감을 높이기 위해서는 능력을 개발하고 무엇이든 잘할 수 있도록 노력하는 수밖에 없을까요? 하지만 이에 대한 대답 또한 '그렇지 않다'입니다. 그 이유는 크게 두 가지로 정리할 수 있습니다.

첫째, 무언가를 잘한다고 해서 반드시 행복해지는 것은 아닙니다. 제가 진료를 잘하고, 많은 환자가 저를 찾아줘서 병원이 잘된다고 제가 '반드시' 행복하진 않습니다. '잘한다는 것'은 행복의 필요조건이지 충분조건은 아니기 때문입니다. 제가 진료는 잘하더라도, 그래서 환자가 많고 병원이 잘되더라도 배우자와 사이가 좋지 않아서, 자식과 갈등을 겪고 있어서, 친구들과 관계가 소홀해져서 불행할 수도 있습니다.

둘째, 무언가를 잘하지 못한다고 해서 무조건 불행해지는 것도 아닙니다. 저는 그림을 잘 그리지 못하지만 그래도 행복합니다. 하지만 화가가 그림을 잘 그리지 못한다면 불행할 것입니다. '그림을 잘 그린다'는 것은 저에게 별로 중요한 일이 아니지만 화가에게는 큰 의미가 있을 테니까요. 반대로 저는 '진료를 잘한다'는 것에 엄청난 의미를 부여하지만, 화가는 진료를 잘하는 것에는 크게 관심이 없겠죠.

무언가를 잘하는 것은 중요합니다. 하지만 모든 것을 잘할 수는 없고, 그럴 필요도 없습니다. 세상에는 다양한 가치와 기준이 존재합니다. 요구받는 과업과 스스로 부여한 과업이 항상 일치하는 것도 아니기에 때로는 더 중요한 걸 선택해야 하기도 하죠. 우리가 선택할 수 있는 여러 과업 중 진짜 중요한 것이 무엇인지, 스스로가 세운 삶의 기준에 따라 구분할 수 있어야 합니다.

인기와 성적 모두 중요한 가치이지만 인기가 왜 자신에게 그토록 중요한지, 성적을 잘 받아서 결국에는 무엇을 하고 싶은지 생각해 볼 필요가 있습니다. 인기는 정말 업무 능력보다 중요한 가치인가요? 나는 왜 이렇게 성적에 큰 의미를 두게 된 것인가요? 지금 내 위치에서 다 잘하겠다고 욕심을 부리기보다 현재 내게 중요한 과업이 무엇인지 구체적으로 생각해야 합니다. 이를테면 목표를 설정할 때, 막연하게 '회사에서 잘하자'라고 생각하기보다는 '기획을 잘하자', '툴을 다루는 데에 익숙해지자' 등과 같이 구체적으로 무엇을 달성

할지 고민하는 것이 좋습니다.

아주 오랜 세월이 흐른 뒤에
힘없는 책갈피는 이 종이를 떨어뜨리리
그때 내 마음은 너무나 많은 공장을 세웠으니
어리석게도 그토록 기록할 것이 많았구나
구름 밑을 천천히 쏘다니는 개처럼
지칠 줄 모르고 공중에서 머뭇거렸구나
나 가진 것 탄식밖에 없어
저녁 거리마다 물끄러미 청춘을 세워두고
살아온 날들을 신기하게 세어보았으니
그 누구도 나를 두려워하지 않았으니
내 희망의 내용은 질투뿐이었구나
그리하여 나는 우선 여기에 짧은 글을 남겨둔다
나의 생은 미친 듯이 사랑을 찾아 헤매었으나
단 한번도 스스로를 사랑하지 않았노라

– 기형도, 〈질투는 나의 힘〉

〈질투는 나의 힘〉이라는 시의 제목처럼, 타인과 자꾸만 비교하게 되는 습관에도 나름의 효용이 있습니다. J도 인기가 많은 친구를 거울삼아 사회성을 길렀을 것이고, 상담을 왔던 대학생도 성적이 좋은 친구에게 자극받아 더 열심히 공부해서 좋은 성적을 거둘 수도 있어요. 그렇지만 타인과 비교해 부족한 점을 보완하려는 노력만을 동력으로 삼으면, "단 한번도 스스로를 사랑하지 않았노라"라고 고백하는 시의 화자처럼 정작 나의 장점은 제대로 발견하지 못할 수 있습니다.

학창 시절 저는 농구를 잘하는 친구들이 부러웠습니다. 당시에는 농구를 잘하는 친구들이 인기가 많았거든요. 하지만 저는 키도 작고 점프도 잘 못해서 농구에는 영 소질이 없었어요. 대신 저는 축구를 열심히 했습니다. 처음에는 농구 대신 어쩔 수 없이 선택한 것이었지만, 하다 보니 축구도 매력 적인 스포츠더라고요. 저는 점프는 잘하지 못했지만 달리기가 빨랐어요. 결정적인 순간 수비수를 따돌리고 골대로 달려갈 때 제 목덜미를 스치던 바람과 골을 넣고 난 뒤 '와아!' 하고 터졌던 친구들의 함성 소리가 생생합니다.

지금의 제게 그때 농구를 잘하지 못했던 기억은 전혀 후회로 남아 있지 않습니다. 대신 점심시간에 밥을 빨리 먹고 친구들과 운동장에 뛰어나가 땀을 흘리며 공을 찼던 일이 소중한 추억으로 남아 있어요. 만약 제가 농구를 잘하지 못한다는 생각에 빠져 축구를 즐기지 못했다면 오히려 그것이 더 큰 후회로 남았을 것 같습니다.

잘하지 못했던 일을 잘하게 되어야만 자존감을 높일 수 있는 것이 아닙니다. 한 시기의 과업을 잘 수행하는 방법으로 덩크슛만 있는 것이 아니기 때문이죠. 골이 잘 들어가지 않는다고 낙담하는 대신 여러분이 골을 잘 넣을 수 있는 골대를 찾아보는 게 어떨까요?

삶의 의미 대신
행복을
찾는 연습

저의 업무 중 가장 많은 영역을 차지하는 일은 상담입니다. 오랜 시간 누구에게도 말하지 못했던 생각, 고민, 경험 등을 털어놓는 분들의 이야기를 듣고 공감하며 이해한 내용을 돌려드리려고 하죠. 얼굴을 마주하고 대화를 나누는 일이다 보니 제 이야기를 어떻게 받아들이고 있는지 표정에 드러나기도 합니다. 비밀을 털어놓은 후의 후련함, 누군가에게 처음으로 이해받았다는 감격, 또는 아직 전부를 이야기할 용기가 나지 않아 느껴지는 답답함 등 다양한 감정을 엿볼 수 있습니다. 때로는 실망감을 마주할 때도 있어요. 이를테면 이런 대화가 그러하죠.

"선생님, 삶의 의미란 무엇일까요? 제 삶에는 의미도 목적도 목표도 없는 것 같아요."

"인생에 그런 것들이 꼭 필요하지는 않아요. 살아가는 의미 같은 거창한 목표가 없다고 해서 의미 없는 삶이라고 허무하게 생각하지 않아도 돼요. 달리기 선수가 시합을 하고 있지 않다고 해서 그가 의미 없는 사람이 되는 것은 아니에요. 우승이라는 목표를 향해 달려가는 순간뿐만 아니라, 일상을 지내고 있는 순간도 삶으로서 의미가 있는 거예요."

멋있고 명쾌한 답을 기대했던 분에게는 김이 빠지고 실망스러운 답변으로 들릴 수도 있겠지요. 하지만 사실입니다. 삶을 살아가는 데에 거창한 목표나 의미 같은 건 때로는 없을 수 있습니다. 하지만 행복이나 즐거움은 조금 이야기가 다릅니다. 만약 삶에 이들이 없다면 적극적으로 찾았으면 합니다.

'노잼 시기'라는 말이 있습니다. 뭘 해도 재미없고 의욕도 떨어지고, 모든 게 귀찮아지는 시기를 뜻한다고 합니다. 이런 시기에는 매일 똑같이 굴러가는 하루가 지루하고 의미 없게 느껴져요. 어떻게 지내냐는 친구의 질문에 "별일 없어"라는 대답밖에 할 수가 없죠. 업무도 나름대로 손에 익어 회사에서도 큰 어려움 없이 밥벌이를 할 수 있게 되었지만, 업무 능력이 하루아침에 발전해 촉망받는 인재가 되거나 기발한 아이디어를 내어 모두의 주목을 받을 리 없다는 사실도 받아들인 지 오래입니다.

같은 사이클의 반복일 뿐인 삶이 다람쥐 쳇바퀴 도는 것보다 지루하다는 생각이 듭니다. 아침에 눈을 뜰 때마다 어제와 똑같은 하루일 텐데 또 몸을 일으켜 나가야 한다니 귀찮다는 생각부터 들죠. 무기력하게 일어나 사람들로 가득 찬 지하철을 타고 출근해서, 정신없이 업무를 처리하고 느지막이 집에 돌아와 밥을 먹으면 몸과 마음은 이미 지쳐 있습니다. 내일도 엇비슷한 하루가 시작될 것이라는 생각에 좀처럼 힘이 나지 않습니다.

이렇듯 가라앉은 기분은 현대인에게 낯선 감정이 아닙니다. 우울증처럼 적극적인 우울감이 느껴지는 것이 아닌 그저 모든 게 밋밋한 상태라 감정에 이름을 붙이기도 쉽지 않고, 이에 대한 조언도 좀처럼 와닿지 않습니다. 이런 분들에게 저는 조금은 상투적일 수 있지만, 의욕을 되살리기 위해서 땀을 흠뻑 흘릴 정도로 운동을 하거나 햇빛을 쬐며 산책을 해보라고 조언하곤 하는데요. 그럴 때면 오히려 "그런 거 하면 선생님은 재미있나요?"라고 물어보는 환자분도 있습니다.

나도 몰랐던 내 마음을 발견하다

이러한 의욕 저하와 가라앉는 기분으로 인한 경도의 우울이 2~3년간 지속되면 기분부전장애라 진단할 수 있습니다. 삶의 의욕이 사라지면 아침에 일어나 외출 준비를 하는 것 자체가 버겁게 느껴져 먹지도, 씻지도 않은 채 누워만 있는 상태로 발전하기도 합니다. 이런 경우에는 스스로 북돋는 것만으로는 역부족이라 전문가의 도움이 필요합니다. 하지만 해야 하는 일을 꾸역꾸역 해치우는 것까진 가능하나 결과물에 대한 만족감이 떨어지는 경우에는 스스로도 충분히 변화를 만들어낼 수 있습니다. 그 방법이란 거창하지 않습니다. 바로 행복을 찾아 느끼는 연습을 하는 것입니다.

무기력에 빠질 때 사람들이 가장 몰두하는 주제는 삶의 의미에 관한 것입니다. 무기력을 호소하시는 분들은 저에게 행복이나 삶의 의미에 대해 묻곤 합니다. 하지만 앞서 말했듯, 저는 이에 대해 명쾌한 해답을 드리지 못합니다. 인류 역사상 가장 오래된 질문이자 수많은 철학자들이 매달렸음에도 아직 해결되지 않은 주제인데, 저라고 정답을 가지고 있을 리 없습니다.

평생 답을 찾지 못할 수도 있는 형이상학적 문제에 지나치게 골몰하면 생각의 덫에 빠지게 됩니다. 물론 이러한 본질적인 문제에 관한 고민이 의미가 없다고 말하는 것은 아닙니다. 삶의 방향성을 찾으려는 노력은 분명히 필요하니까요. 하지만 정답을 찾는 데에 정신적 에너지를 너무 많이 소모하거나, 생각에 현실이 잡아먹힌다면 문제가 됩니다.

무엇보다 생각만 해서 해결되는 문제는 없습니다. 저는 좀처럼 와닿지 않고 막막함만 더하는 철학적 주제보다도 지금 이 순간 생생하게 느낄 수 있는 현재의 기분에 집중해 보자고 이야기합니다. 감정이나 기분은 많은 순간 우리를 그저 스쳐 지나가기에, 보다 적극적으로 낚아채려는 노력이 필요합니다. 예를 들어 여러분이 길을 걷다 타이밍이 딱 맞게 신호등 불이 바뀌었다고 생각해 보세요. 대수롭지 않게 길을 건넜다면 지하철을 타고 밥을 먹고 커피를 마시는 대부분의 일상처럼 금방 잊힐 것입니다. 하지만 '와, 날도 추운데 다행이다. 덕분에 바로 길을 건널 수 있게 되었네'라고 생각한다면 소소한 행운으로 기억될 수 있을 거예요. 다시 한번 생각해 보세요. 오늘 여러분의 일상에 정말 어떠한 재미도, 사소한 행복도 없었나요?

그렇다면 왜 우리는 많은 순간 행복을 인지하지 못하는 것일까요? 여러분이 유난히 무기력하고 비관적인 사람이기 때문만은 아닙니다. 이는 인류의 고질적인 고민이라고도 할 수 있습니다.

진화론에 따르면 진화의 기본 동력은 생존 경쟁입니다. 인류는 생존이라는 목표를 향해 나아가며 지금의 모습이 된 것이지요. 자연스럽게 인간의 뇌 역시 생존을 최우선 가치로 두고 발전했습니다. 생산적이고 효율적인 가치를 우선적으로 추구하다 보니, 자연스럽게 불안과 걱정이 자리하게 됩니다. 아무래도 긴장하고 있는 쪽이 살아남기에는 유리했을 테니까요. 현대사회에 이르러서도 우리는 가만히 쉬고 있을 때조차 뭔가 해야 할 것 같고, 편안히 지내기보다 걱정거리를 가져와 생각하고 있는 경우가 많습니다.

문제는 뇌의 진화가 사회의 발전 속도를 따라잡지 못했다는 것입니다. 당장 환경이 어떻게 바뀔지 모르고, 사방이 인간을 위협하는 포식자로 가득한 원시시대에 음식을 음미할 여유란 없었을 것입니다. 하지만 현대에는 삶에 생존 이상의 것들이 필요합니다. 사람들은 이제 배를 채워줄 음식이 아닌 맛있는 음식을 원해요. 감정도 마찬가지입니다. 생존이 위협받던 시대에는 행복, 감사, 즐거움, 재미 등의 가치가 사치였을 수도 있어요. 그래서 자연스럽게 떠올리지 못했을지도 모릅니다. 하지만 생존에는 필수적이지 않을 수 있는 이 감정들은 풍요로운 삶을 위해서는 꼭 필요한 것들입니다.

기분이 좀처럼 좋아지지 않고 긍정적인 생각이 쉽사리 떠오르지 않는 건 어쩌면 자연스러운 일입니다. 다만 실제로 그럴 만한 사건이 벌어지지 않았다기보다는, 꼭 필요하지 않기에 인식하지 못한 채 그냥 지나쳤을 수 있습니다. 일상 곳곳에서 계속해서 우리에게 손을 내미는 행복을 제대로 봐주지 않으면 뇌는 그냥 삭제해 버립니다. 만능이라고 생각했던 뇌에는 사실 맹점이 많아요. 모두들 코를 가지고 있지만, 평소에는 얼굴 가운데 우뚝 솟아 있는 코를 의식하지 못합니다. 이것은 우리의 눈이 코를 보지 못하는 것이 아니라, 눈을 통해 들어온 코를 뇌가 인지하지 않는 것입니다. 안경도 마찬가지입니다. 우리의 시야 안에 분명히 있지만, 생활에 걸리적거리니까 뇌가 삭제해 버린 것입니다. 일상의 많은 행복한 순간도 이와 비슷하게, 실용적이지 않고 당장 이익이 되지 않는다는 이유로 특별한 감흥을 주지 못하고 흘려보낸 것일 수도 있습니다.

뇌의 한계를 보여주는 유명한 실험이 있습니다. 1999년 인지심리학자 크리스토퍼 차브리스Christopher Chabris와 대니얼 사이먼스Daniel Simons는 하버드대학교 심리학과 건물에서 재미있는 실험을 진행합니다. 여섯 명의 학생을 두 팀으로 나누어 각각 검은색과 흰색 티셔츠를 입게 한 후 뒤섞여 농구공을 패스하게 합니다. 그리고 이 장면을 동영상으로 찍어

학생들에게 보여주고, 흰색 옷을 입은 학생들의 패스 횟수만 세도록 하죠.

하지만 사실 이 실험의 주인공은 따로 있었습니다. 동영상의 중간쯤 농구공을 패스하는 학생들 사이로 고릴라 옷을 입은 학생이 중앙으로 걸어 나와 무려 9초 동안이나 고릴라처럼 가슴을 친 후 걸어 나간 것인데요. 실험이 끝난 후 "고릴라를 봤냐"는 질문에, 놀랍게도 절반에 해당하는 학생이 보지 못했다고 대답했습니다. 여러 차례 실험했지만 모두 같은 결과였다고 합니다. 학생들은 패스 횟수를 세는 데에 너무 열중한 나머지 그토록 재미있는 장면을 제대로 보지 못한 것입니다.

이렇듯 주의력을 빼앗겨 주변을 제대로 인지하지 못하는 것을 '무주의 맹시inattentional blindness'라고 합니다. 차브리스와 사이먼스는 이러한 현상의 원인을 "기대하지 못한 사물에 대한 주의력 부족의 결과"라고 설명합니다. 농구장에 등장한 고릴라조차 보지 못하는데, 하물며 일상의 순간들이야 오죽할까요. 두 손 놓고 기다리는 게 아니라 적극적으로 행복을 찾아내서 그것을 '행복하다'고 인지하는 습관을 키워야 하는 이유입니다.

학생들이 지루한 테스트 중간에 불쑥 튀어나온 고릴라를

봤다면 얼마나 즐거웠을까요? 우리는 지금 해야 하는 과제에 집중하느라 많은 순간 기쁨을 놓치고 살아가고 있는 것인지도 모릅니다. 우리는 우리의 기분을 주의 깊게 살피고 구체적으로 의미를 부여해야 합니다. 이렇게까지 해야 하나 싶을 수도 있겠지만 이것이 바로 긍정적인 감정을 느낄 수 있는 방법입니다. 처음에는 어색해서 주의를 많이 기울여야 하겠지만, 점점 익숙해질 것입니다.

전쟁터의 참호와 같이 기쁨을 수호하라
기쁨을 수호하라, 충격적인 사건과 뻔한 일상으로부터
고통과 비참함으로부터
일시적인 부재로부터
그리고 영원히 불변하는 것으로부터

원칙과 같이 기쁨을 수호하라
기쁨을 수호하라, 불가사의한 일들과 악몽처럼 힘든 일들로부터
무심한 것과 아주 작고 사소한 것으로부터
악의 유혹으로부터
좋지 않은 진단으로부터

나도 몰랐던 내 마음을 발견하다

깃발과 같이 기쁨을 수호하라

기쁨을 수호하라, 강렬한 섬광과 우울로부터

과도한 무구함과 악의로부터

온갖 미사여구와 심장의 고통으로부터

편협한 사고와 공허한 탁상공론으로부터

운명과 같이 기쁨을 수호하라

기쁨을 수호하라, 불길과 그 불길을 끄려고 하는 사람들로

부터

자기파괴와 타인을 향한 증오로부터

안일함과 중압감으로부터

행복해져야 한다는 의무감으로부터

확신과 같이 기쁨을 수호하라

기쁨을 수호하라, 산화하는 것들과 오염된 것들로부터

시간의 더께로부터

한 방울 이슬 같은 것과 기회주의로부터

거짓된 웃음으로부터

권리와 같이 기쁨을 수호하라
기쁨을 수호하라, 절대적인 신과 냉혹한 겨울로부터
대문자로 된 경구와 죽음으로부터
정해진 운명의 슬픔으로부터
모든 기회로부터
그리고 기쁨 그 자체로부터

— 마리오 베네데티, 〈기쁨을 수호하라〉

시인은 괴롭고 단조롭고 공허한 가운데에서도 기쁨을 보호하고 지키라고 말하고 있습니다. 언젠가는 나에게도 올 것이라 생각하며 무작정 기다리는 게 아니라, 스스로 찾아내고 알아봐 줌으로써 지켜내고자 합니다. 우리는 우리가 해야 하는 일로부터, 스스로 만들어낸 생각의 덫으로부터, 삶의 관성과 권태로부터 기쁨을 지켜내야 합니다. 점심시간에 새로 간 음식점에서 먹은 밥이 맛있을 때, "와, 이거 진짜 맛있다"라고 적극적으로 표현하는 태도가 필요합니다. 요즘 어떤 영화나 드라마를 봐도 무덤덤하다면 자신의 느낌을 꺼내어 스스로에게 보여주세요.

무기력함에서 빠져나오는 강력한 인자 두 가지가 바로 신체 활동을 하는 것과 감사함을 느끼는 것입니다. 경쟁이 치열하고 결과를 중요시하는 사회에서 살다 보니 우리는 스스로에게 긍정적인 감정을 잘 허락하지 못합니다. 그래서 감사일기를 쓰는 것이 도움이 됩니다. 감사하다고 이름 붙여줄 만한 일들을 매일 두 가지씩 찾아내 노트나 휴대폰, 랩톱 등 어디에든 적어보세요. 초반에는 지금 내가 가지고 있는 것들로 칸이 쉽게 채워집니다. 그렇지만 며칠이면 동이 나고, 쓸게 없어집니다. 이 시점부터는 칸을 채우기 위해 하루를 새로운 눈으로 돌아보게 됩니다. 오늘 하루 무엇이 나를 행복하게 했는지 생각하는 시간을 가지게 되는 것이죠. 이러한 시간이 반복되면 감사함을 찾아내기 위한 마음가짐으로 일상을 지내게 됩니다. 이전에는 못 보고 지나쳤던 것들을 감사하다고 이름 붙이고, 그 감정을 느끼려 노력하게 됩니다.

매일 잠들 때, 그리고 눈을 뜰 때 '내일 특별한 일이 뭐가 있겠어', '똑같은 일상의 반복인데 왜 살아야 하는 걸까'라고 생각하기보다는 여러분의 의지로 즐거운 하루를 만들어보세요. 회사에 가는 의미를 모르겠다며 고민하기보다는, '회사 가는 이유가 별것 있나. 그냥 월요일이니까 가는 거지' 하는 삶도 충분히 괜찮습니다. 대신 점심시간에 좋아하는 메뉴를 먹겠다고 결심하는 것처럼, 스스로에게 당장 느낄 수 있는 즐거움을 주는 거죠. 이러한 일에 익숙해지면 자신만의 작은 프로젝트를 구상할 수도 있겠지요. 매일 반복되는 일상을 살아가는 것이 아니라, 스스로에게 설렐 만한 이벤트를 선물하는 겁니다.

우리가 살아내야 하는 것은 관념적인 삶이 아닌 우리 눈앞에 펼쳐지는 지금입니다. 삶을 일상의 영역으로 가져오세요. 그리고 그 삶을 이루는 하루하루를 즐거운 기분으로 채워보세요. 우리에게는 괜찮은 삶을 위해 할 수 있는 것이 분명히 있습니다.

나도 몰랐던 내 마음을 발견하다

잘하고 싶은 마음에
시작도 못 하는
사람들

살면서 이루고 싶은 목표가 있나요? 현실에 안주하지 않고 이상을 향해 나아가는 것은 분명 의미 있는 삶의 태도입니다. 많은 이들이 자기소개서에서 성격의 단점으로 완벽주의를 지목합니다. 이는 완벽주의가 마냥 단점이라고 느껴지지는 않는, 어쩌면 모든 도전하는 사람들에게 미덕으로 여겨지는 성향이기 때문일 것입니다. 자신이 완벽주의라 피곤하다고 고민을 털어놓는 경우에도, 높은 기준을 세우고 매 순간 노력하는 스스로에 대한 자부심이 담겨 있는 것처럼 느껴지곤 합니다.

하지만 완벽주의가 정말 우리가 원하는 그 이상에 도달하는 데에 도움이 될까요? 완전한 순간을 기다리다가 오히려 시작할 타이밍을 놓치고, 약간의 흠집만 나도 다 실패했다는 생각에 일을 마무리하기가 힘들며, 자신의 부족한 부분이 드러날까 봐 두려워 아무것도 하지 못하는 사람들을 위해 완벽주의를 둘러싸고 있는 포장지를 벗기고 그 안에 담긴 마음을 들여다보고자 합니다.

심리학자 데이비드 D. 번스David D. Burns는 완벽주의자를 "불가능하거나 터무니없이 높은 기준을 추구하고, 강박적으로 끊임없이 불가능한 목표를 지향하며, 자신의 가치를 전적으로 생산성과 업적으로 측정하는 사람"이라고 정의 내렸습니다. 닿을 수 없는 목표를 향해 있으니 현실에 좀처럼 만족하지 못하는 게 당연합니다. 결국 현실을 회피하고 말지요.

"일을 시작하기가 너무 힘들어요."

결심을 실행에 옮기기가 너무 힘들다고 호소하는 환자분들이 있습니다. 다이어트를 한다고 가정할 때, 이런 분들은 다이어트 계획을 찾아보느라 며칠을 보냅니다. 이 다이어트는 어떤 장단점이 있고, 저 다이어트는 어떤 효과가 있는지 완벽하게 파악하여 자신에게 가장 적합한 계획을 짜는 데에 시간을 많이 쓰는 것이지요. 닭가슴살도 최상의 제품을 찾기 위해 여러 정보를 수집하며 비교합니다. 일단 밖으로 나가 산책하고, 기름진 음식을 안 먹는 것부터 하나씩 시작해도 된다는 것을 알면서도 완벽하게 준비하려다가 지쳐버려 정작 다이어트는 시작도 못 합니다. 무기력증 때문이라고 생각하기 쉽지만, 사실은 지나치게 원대한 목표 때문일 가능성이 높습니다.

언제나 열 번 잘한 것보다 한 번 못한 것에 괴로움을 느끼는 완벽주의자들은 실패나 실수에 대해서 인색합니다. 위에서 예로 들었던 다이어트로 계속 이야기를 해볼까요? 이들은 다이어트 계획을 완벽하게 실행하기 위해 노력합니다. 며칠 내내 식단을 잘 지키다 딱 한 번 식욕을 이기지 못하고 직장 동료가 나눠준 초콜릿을 한 입 먹게 되었습니다. 이럴 때 누군가는 여태까지 잘했으니 다시 마음을 다잡으면 된다고 생각하지만, 누군가는 초콜릿 한 조각으로 인해 자신의 완전무결한 다이어트 계획에 흠집이 난 것을 참지 못합니다. 그렇게 이번에도 또 다이어트에 실패했다고 결론 내리며 여태까지 잘 지켜왔던 운동도, 식단 조절도 모두 포기하죠. 이들에겐 백 퍼센트만이 성공으로 인정되기 때문입니다.

이런 사람들은 앞으로도 다이어트에 쉽사리 도전하지 못할 가능성이 큽니다. 한 치의 틈도 허용하지 않는 식단과 운동 계획을 지키기 위해서는 큰 각오가 필요한데 미래의 내가 높은 기대를 배반할 것이 두려워 계속해서 미루게 되는 것입니다. 하고 싶다는 마음은 큰데 도저히 시작을 하지 못하니 스스로도 답답한 기분이 듭니다.

결국 지금 나의 상황으로부터 시선을 돌리기 위해 언서리 활동에 집중하게 됩니다. 무언가를 시작하기에 가장 적절한 상태를 기다리는 것입니다. 시험 전날 괜히 책상 정리를 한다거나 보고서를 쓰기 전 크게 도움이 되지 않는 자료들을 지나치게 샅샅이 살펴보는 일 등이 여기에 해당하죠. 그렇게 이들은 늘 예비의 상태에 머무릅니다.

하지만 가끔씩 치팅 데이를 가지는 사람과 어떠한 예외도 허용하지 않는 사람 중 누가 더 다이어트를 오래도록 지속할 수 있을지는 명백합니다. 마찬가지로 공부를 할 수 있는 완벽한 조건을 조성하는 데에 에너지를 쏟기보다는 지금 당장 시작해 순 공부 시간을 늘리는 것이 좋은 성적을 받는 데에 도움이 될 것이며, 보고서 또한 백과사전 수준의 자료조사보다 마감을 지키는 일이 우선일 것입니다. 안타깝게도 너무 잘해보려는 마음이 그들을 현실의 결과물에서 멀어지게 합니다.

약간의 흠집도 용인하지 않는 마음은 통제적 성향으로 발현되기도 합니다. "파워포인트 화면에 오타가 보이는 순간다 망했다는 생각에 말이 나오지 않았어요." 이들에게는 사소한 오타 하나가 모든 걸 망쳐버릴 정도의 위력을 가지고 있습니다. 폰트와 글자 크기, 자간 등의 규격에 지나치게 공을 들이느라 정작 전체적인 흐름은 잘 살펴보지 못합니다. 오타 정도야 나중에 충분히 수정할 수 있는데, 이들은 지금 이 순간 완벽하지 않으면 다 소용없다고 생각합니다.

이렇듯 완벽하지 않으면 의미가 없다고 생각하는 사람들에게 들려주고 싶은 시가 있습니다.

나무줄기를 따라가 보면
상처 없는 나무가 없다

그렇지
바람에 흔들리지 않고
눈보라에 시달리지 않은 나무가
어디 있겠는가

흔들린 만큼
시달린 만큼
높이와 깊이를 가지는 상처

상처를 믿고
맘놓고 새들이 집을 짓는다
상처를 믿고
꽃들이 밝게 마을을 이룬다

큰 상처일수록
큰 안식처가 된다

– 박두순, 〈상처〉

　나무는 그냥 자라납니다. 흉터 없이 자라나는 것에 집착했다면 나무는 일 센티미터도 성장하지 못했을 거예요. 주변을 둘러보세요. 유난히 실행력이 좋은 친구가 있을 것입니다. 그런 친구들이 대단하게 느껴지는 한편으로 무모해 보이기도 합니다. 어떻게 저렇게 준비가 안 되었는데도 무작정 뛰어들 수 있을까 싶죠. 하지만 모든 조건이 완벽하게 갖춰진 상태는 도대체 언제야 찾아오는 것인가요? 구름 한 점 없이 맑은 날만 이어지길 기다리는 것이 아니라, 세찬 바람과 눈보라도 감수하겠다는 마음가짐이 필요합니다.

　　　　　나도 몰랐던 내 마음을 발견하다

물론 완벽주의적인 성향이 있는 경우 실수가 적고 높은 성취도를 얻을 수 있어 목표를 달성하거나 사회적으로 성공하는 데에 유리할 수 있습니다. 하지만 성공으로 향하는 과정에서는 상처와 흠집이 생길 수도 있다는 사실을 받아들여야 합니다. 완벽하지 않다는 불안을 감내하며 불완전해 보이는 앞으로 나아가야 합니다.

완벽주의적인 사람들은 전체적인 흐름이나 미래의 개선 가능성을 생각하기보다 당면한 현실에 갇혀 있는 경우가 많습니다. 완벽주의에 대해 오래도록 연구해 온 요크대학교의 심리학과 교수 고든 플렛Gordon L. Flett은 완벽주의적인 사람들은 실수나 실패에 대한 불안이 비교적 높은 편이라고 했습니다. 결국 이는 수행 능력을 저하하는 결과를 가져옵니다. 예컨대 단 1점이라도 깎이는 것을 허용하지 않겠다는 완벽주의적인 학생들은 그렇지 않은 학생들에 비해 시험에 대한 불안이 높고 그 결과 실제 공부하는 양에 비해 결과가 좋지 않을 수 있습니다.

애초에 완벽은 가치적인 개념이기에 한계를 지정하기 어렵습니다. 시험이라면 100점이라는 한계선이 있지만, 어른이 되어 마주한 대부분의 일에는 그 선이 없어 스스로를 가혹하게 몰아붙이게 만듭니다. 이럴 때는 나의 여러 상황과 특성을 고려한 선을 그어줘야 합니다. 그 선을 너무 높이 긋 거나, 선을 긋지 않은 채 막연하게 잘해야 한다고 생각한다 면 앞으로 나아가기 어렵습니다.

흉터, 즉 나의 부족함을 받아들이는 능력은 더 높이 올리 가기 위해서도 중요합니다. 내가 할 수 있는 범위 안에서 선 을 그어주기 위해 메타인지에 대해 생각해 보려고 합니다. 메타인지란 내가 얼마만큼 할 수 있는 사람인지를 인지하는 능력을 의미합니다. 쉽게 말해 내가 무엇을 알고, 무엇을 모 르는지 아는 것을 뜻합니다. EBS는 〈학교란 무엇인가〉라는 프로그램의 '0.1%의 비밀' 편에서 전국 석차 0.1% 안에 드는 학생과 평범한 성적의 학생들을 비교하는 실험을 진행합니 다. 0.1% 안에 속하는 학생들은 다른 학생들에 비해 IQ도 크 게 높지 않았고, 부모의 경제력이나 학벌도 크게 다르지 않 았습니다. 그렇다면 둘의 성취도를 가르는 것은 도대체 무엇 이었을까요?

이 실험에서 찾아낸 건 메타인지, 즉 자신의 능력에 대한 인지 능력의 차이였습니다. 연구자들은 이들에게 단어를 외 우게 하고 시험 전 자신이 얼마나 기억할 수 있는지를 물어 봅니다. 외운 단어의 결과물만 두고 보면 두 실험 집단이 크 게 다르지 않았지만, 학업 성취도가 높은 학생들은 자신에

나도 몰랐던 내 마음을 발견하다

대한 판단과 실제 결과의 차이가 크지 않았다고 합니다.

이러한 결과는 내가 어디까지 할 수 있는 사람인지를 분명히 인지하는 것이 무언가를 성취하고자 할 때 매우 중요하다는 사실을 알려줍니다. 10분 안에 단어 100개를 외우겠다는 무리한 목표를 세우고 실패하는 것보다, 자신이 10분 안에 단어를 30개 외울 수 있는 사람이라는 사실을 인정하고 30분이라는 현실적인 조건을 조성하는 것이 '단어 100개 외우기'라는 목표를 이루는 데 도움이 됩니다.

여러분은 번번이 실패하는 사람이 아니라, 실패할 수밖에 없는 목표를 세우는 사람일 수도 있습니다. 마찬가지로 실행력이 부족한 게 아니라, 좀처럼 실행하기 힘든 계획을 짜는 것일 수 있습니다. 완벽한 계획이 아니라 지금 내가 할 수 있는 계획을 세워야 합니다.

이를 위해서는 위에서 언급한 메타인지가 필요한데, 메타인지를 기르기 위해서는 과거의 경험을 살펴봐야 합니다. 그리고 여기에서는 성공한 경험보다도 실패한 경험이 중요합니다. 많은 이들이 실패한 경험을 무시합니다. 계획을 지키지 못하거나 목표에 도달하지 못할 때, 내가 게으르거나 시간 관리를 제대로 하지 못해서, 집중력이 나빠서 그랬다는 등으로 자책하느라 실패를 나에 대해 알 수 있는 기회로 삼지 못합니다.

한두 번이야 당시에 유난히 컨디션이 좋지 않아서이거나 순간 나태해져서일 수도 있습니다. 하지만 계속해서 비슷한 경험이 반복된다면 목표와 계획 자체를 점검해야 합니다. 나의 나태함과 부족한 집중력이 당장 바꿀 수 있는 항목인지, 시간은 목표에 도달하기에 충분했는지 살펴보세요. 실패의 경험을 무시하고 똑같은 계획을 세우면 또다시 실패할 수밖에 없습니다. 자책하기보다 내 경험을 살펴보고, 새로운 증거가 나오면 평가를 수정할 수 있어야 합니다.

하루에 8시간 공부할 것이라는 목표에 번번이 실패한다면, 자신의 하루를 객관적으로 돌아보세요. 중간중간 집중력이 떨어져 스마트폰을 들여다보거나 멍하니 앉아 있고, 잠깐 산책을 하러 나가는 등의 행동을 발견할 수 있을 것입니다. 자신이 무조건 1시간은 쉬어야 하는 사람이면 쉬는 시간은 제외하고 계획을 세워야 합니다. 내가 집중할 수 있는 시간이 최대 40분이라면 이를 감안하여 시간을 분배해야 합니다. 그러다 보면 조금씩 집중할 수 있는 시간을 늘려갈 수 있을 것입니다.

끝을 알 수 없는 '완벽함'이라는 세계에 여러분을 방목하기보다, 여러분의 가용범위를 인지하고 우선 딱 그만큼만 잘

가꿔보세요. 당장은 스스로를 가둔다고 생각할 수도 있지만, 지금 이 틀은 출발점일 뿐, 더 넓힐 수 있습니다. 지금 내가 하고 싶은 것만 생각하면 한 발자국도 나아가지 못합니다. 우선 내 능력과 한계를 모두 고려하여 틀을 설정하고, 달성할 때마다 자아효능감과 같은 긍정적인 감정을 느끼는 일이 중요합니다. 만들어 놓은 틀은 조금씩 확장해 나가면 됩니다. 내가 할 수 있는 일과 할 수 없는 일을 구분하는 것은 나의 한계를 지정하는 일이 아니라, 지금 할 수 있는 것을 제시하는 일입니다.

나무는 상처가 생길 때가 아니라 더 이상 자라기를 멈출 때 죽는 것이며, 비바람이 몰아친다고 해서 자라는 것을 멈추지 않습니다.

혼자 있어도,
함께 있어도
외로운 이유

17세기 프랑스의 철학자 블레즈 파스칼Blaise Pascal은 "인간의 모든 불행은 혼자 조용히 집에 있을 수 없기 때문에 생긴다"라고 했습니다. 사랑받고 싶고, 관계를 맺고 감정을 교류하기를 원하는 건 누구나 갖는 본능입니다. 이런 욕구가 충족되지 않으면 외로움을 느끼게 됩니다. 외로움은 자연스러운 감정 중 하나이지, 이상하거나 문제가 되거나 없어져야 하는 감정은 아닙니다. 다만 그 감정이 참 쓸쓸하고 공허한 느낌을 주기 때문에 아무도 느끼고 싶어 하지 않을 뿐이죠.

그래서 사람들은 친구를 사귀고 사랑을 합니다. 혼자 있는 것보다 함께 있는 게 덜 외로울 테니까요. 그런데 함께여도 외로움을 느끼는 사람들이 있습니다. 연애를 해도 당장 내 옆에 애인이 없으면 텅 빈 것처럼 외롭고, 옆에 있더라도 혹시 사랑이 식은 것은 아닐까 불안해하며 사랑을 확인하려 하고, 내 말에 화가 난 건 아닐까 싶어 데이트를 마치고 집에 오는 길에 상대의 표정을 다시 떠올리곤 하죠.

이러한 사람들의 마음에는 자신은 어디에도 소속감을 가질 수 없으며, 결국에는 외톨이로 남게 될 것이라는 불안이 담겨 있습니다. 어린 시절에는 자신의 주변 상황을 변화시킬 힘이 없기 때문에, 부모와의 지속적인 상호작용을 통해 관계에 대한 인식이 자리 잡게 됩니다. 만약 부모가 아이에게 안정감을 주지 않고, '나는 너를 언제든 버릴 수 있다', '너는 소중한 아이가 아니다'라는 신호를 계속해서 주면 아이는 이를 바탕으로 자신과 세상에 대한 상을 그리게 됩니다.

이렇듯 어린 시절부터 형성되는 나와 세상을 바라보는 인지적인 틀을 스키마schema라고 합니다. 우리는 이 틀을 통해 현재의 내 모습과 주변에서 일어나는 일을 바라보고, 과거를 해석하며 앞날을 예측합니다. 스키마에 대한 대처 방식은 크게 굴복과 회피, 과잉보상으로 정리할 수 있습니다. '나는 사랑받을 수 없다'는 스키마를 갖고 있는 경우, 이에 굴복한 사람은 안정적이지 않은 상대를 만나 사랑받지 못하고 외롭고 홀로 남은 듯한 감정을 느끼는 관계를 반복합니다. 회피하려는 사람은 애초에 자극을 차단하여 누구와도 의미 있는 관계를 맺지 않으며 상처를 반복하지 않으려 합니다. 과잉보상하는 사람은 결핍을 메우기 위해 상대에게 무리한 기대를 합니다. 하지만 이 기대는 크고 공허하여 누구도 충족시키기 어렵기에 언제나 해소되지 않는 갈증처럼 외로움을 느낍니다. 급기야 계속해서 사랑을 시험하고 내 옆에 있기를 바라는 식으로 상대를 힘들게 하거나 반대로 내 생각이나 욕구는 모두 버린 채 상대에게 무조건 맞추고 희생하며 힘든 연애를 합니다. 어떻게 해서든 상대를 내 옆에 두어 결핍감을 느끼지 않기 위해서죠.

이런 분들 중에는 혼자 있는 것을 견디기 힘들어 늘 연애 중인 상태를 유지하는 이들도 있습니다. 좋아하는 마음이 없어도 상대가 고백하면 받아줍니다. 내 마음보다 누군가 옆에 있는 게 더 중요한 거죠. 그렇게 연애가 시작되면 어느새 연락에 집착하게 됩니다. 가능하면 옆에 계속 있어 주기를 바라고, 그것이 불가능한 상황이라면 계속 메시지를 주고받거나 전화 통화를 하면서 나와 상대가 연결되어 있음을 확인하려고 합니다. 잠시만 연락이 안 되어도 극심한 불안감에 휩싸이기도 합니다. '이 사람이 바람을 피우고 있는 것은 아닐까?', '나를 떠나려고 연락을 피하는 건 아닐까?' 하는 생각에 사로잡혀 더욱더 연락에 집착하게 됩니다. 이런 상황이 반복되다 보면 상대는 지치고, 그러면 또 시운하고 불안한 마음이 생겨 자꾸 다투게 되죠.

결핍이 심한 경우에는 연애를 하는 중에 다른 사람을 만나기도 합니다. 상대가 자신이 원하는 만큼 충분히 사랑과 관심을 주지 않는다고 여기기 때문이죠. 조금의 빈 부분도 견디지 못하고 채우려 하는 것입니다. 이들에게는 물리적 거리가 정말 중요합니다. '연애 중'이라는 사실보다 '내 옆에 있음'이 더 중요하다고 생각하는 거예요. 원하는 만큼의 사랑과 관심을 받으면 괜찮아질 것이라 생각할 수도 있지만, 이러한 사람들이 느끼는 공허함은 밑 빠진 독과 같습니다. 그 마음은 어쩌면 양을 늘리는 것만으로는 채울 수 없는 그릇일 수 있습니다.

마음 어딘가 깨진 구석이 있어서 사랑과 관심이 담기지 않아 늘 외로움을 느끼는 사람들이 느끼는 감정의 깊이는 그렇지 않은 사람들이 상상할 수 없을 정도로 깊습니다. 이들이 혼자 있을 때 느끼는 외로움은 견딜 수 없을 정도의 공허함이에요. 자신이 무가치하게 느껴지고, 세상에 필요 없

나도 몰랐던 내 마음을 발견하다

는 사람이 된 것 같고 나만 빼고 모두가 행복하게 잘 지내는 것 같죠. 안정된 관계를 경험해 본 적이 없기 때문에 무언가 조금만 잘못되어도 관계 자체가 끊길 것이라고 생각해 두려워합니다. 그리고 이런 불안감을 해소하기 위해서 상대를 곁에 두고 내 옆에 있다는 걸 눈으로 확인하려고 합니다.

외롭기 싫어서 연애를 하고 친구를 만나지만 외로움은 그림자처럼 따라다닙니다. 혼자 있는 건 너무 외로워서 견딜 수 없고 같이 있으면 이 사람도 혹시 떠나지 않을까 불안해서 더 외로워져요. 끝없는 악순환에 빠진 것만 같죠. 이럴 때 외로움을 정면돌파하려고 하면 오히려 역효과만 납니다. 외로움은 쉽게 없어지는 감정이 아니거든요.

외로움이 느껴지는 빈 시간을 자세히 살펴보면 다양한 감정이 들어 있습니다. 우울함도 있고, 심심함도 있죠. 우선 간단해 보이는 심심함부터 해결해 보려 합니다. 대수롭지 않게 여기기 쉽지만 생각보다 심심함도 중요한 감정입니다. 심심함을 잘 해소해야 외로움으로 번져나가지 않을 수 있어요. 먼저 비어 있는 시간을 외로움으로 오해하지 않도록 다른 것들로 채우는 것이 좋습니다. 저도 외로움을 호소하는 분들과 상담을 할 때 심심함부터 해결하자고 하는데요, "어떤 행동을 할 때 기분이 좋다고 느껴요?"라는 질문으로 시작합니다. 처음에는 잘 모르겠다고 답하는 경우가 많습니다. 그러면 몇 가지를 제안하죠. 사람 만나는 걸 좋아하는 분에게는 친구와의 만남과 커뮤니티나 동호회 활동을, 손으로 무언가를 만드는 일을 좋아하는 분에게는 원데이 클래스를 권하기도 합니다. 재미있는 드라마나 영화를 보고, 책을 읽거나 산책을 하는 것도 좋은 방법입니다.

기분이 좋아질 수 있는 다양한 경로를 찾는 것이 중요합니다. 심심함이나 외로움과 같은 감정을 한 가지로만 해소하려 하는 것은 너무 위험한 일이에요. 다양한 자원이 있어야 한 곳에 집착하지 않을 수 있습니다. 인간관계에 있어서도 연인에게만 올인하는 것은 좋지 않습니다. 인간에게는 친구, 선후배, 가족 등 여러 종류의 관계가 필요합니다. 이렇게 다양한 관계가 있어야 사랑과 안정, 기쁨, 신뢰, 감사 등 만족스러운 감정을 두루 느낄 수 있습니다. 한 명으로 이 모든 감정들을 충족하려 하면 상대에게 의존하기 쉽고, 기대와 실제의 괴리만큼 외로움을 느낄 수 있습니다. 다양한 거리를 지닌 여러 관계를 만드는 노력을 시작해 보세요.

또한 외로움을 사람으로만 채우려고 하지 않는 것도 중요합니다. 관계는 스스로 통제하는 데에 한계가 있습니다. 그러므로 스스로 기분을 챙길 수 있는 자원들을 많이 만들어야 해요. 한마디로 필요할 때 내가 직접 운용할 수 있는 채널들을 만드는 거죠. 내가 무엇을 좋아하는지, 어떤 행동을 했을 때 만족스러운지, 누구를 만났을 때 기분이 전환되는지를 알고 있는 것이 중요합니다. 어떤 날은 사람을 만나서 해소하고 어떤 날은 혼자서 재미있게 드라마도 볼 수 있어야 하고 어떤 날은 혼자 카페에 가서 커피도 마시고 책도 읽을 수 있어야 합니다. 빈 부분을 메꾸기 위해서 관계를 만드는 것이 아니라 함께 좋은 시간을 보내기 위해 관계를 맺어야 합니다. 이것이 안정적인 관계의 첫걸음입니다. 나를 외로움에서 벗어나게 할 유일한 자원이 사람이 되어서는 안 돼요. 늘 누군가가 우리 곁에 있을 수는 없으니까요.

이 세상에 이렇게 외로운 사람은 나뿐이고 아무도 나를 사랑하는 것 같지 않을 때, 결국 모두가 나를 떠나 홀로 남겨져 외로움 속에서 빠져나올 수 없을 것 같을 때, 어두운 침대 속에 누워 슬퍼하는 대신 불을 켜고 앉아 아래 시를 읽어보세요. 외로운 기분이 사라지는 것은 아니지만 나만 이렇게 외롭고 쓸쓸한 것은 아니구나 하는 위로가 되어줄 것입니다.

울지 마라
외로우니까 사람이다

살아간다는 것은 외로움을 견디는 일이다

공연히 오지 않는 전화를 기다리지 마라

눈이 오면 눈길을 걸어가고

비가 오면 빗길을 걸어가라

갈대숲에서 가슴검은도요새도 너를 보고 있다

가끔은 하느님도 외로워서 눈물을 흘리신다

새들이 나뭇가지에 앉아 있는 것도 외로움 때문이고

네가 물가에 앉아 있는 것도 외로움 때문이다

산 그림자도 외로워서 하루에 한 번씩 마을로 내려온다

종소리도 외로워서 울려퍼진다

- 정호승, 〈수선화에게〉

　　버림받았기 때문에 홀로 남겨진 것이라고, 외로움은 버림
받은 자들만이 느끼는 감정이라고 생각하지 마세요. 사람이
니까 외로움을 느끼는 것입니다. 그리고 여러분에게는 외로
움을 충분히 잘 견뎌낼 수 있는 힘이 있습니다.

　　인생은 반대편에 있는 양쪽 면이 함께 영그는 과일과 같
습니다. 외로운 면과 달콤한 면은 완전히 상반된 듯하지만
사실은 붙어 있는 것일지도 몰라요. 외로운 한쪽 면이 있어

　　　　　　　　　　　　나도 몰랐던 내 마음을 발견하다

서 하나의 과일이 온전히 영글 수 있었다고 이해하면 어떨까요? 인간이 외롭지 않았다면, 우리가 굳이 밖으로 나가 사람들을 만나거나 수많은 시간을 분주히 채우려고 했을까요? 우리가 소중한 관계를 맺고 무언가를 즐기고 배울 수 있는 건 인간이 외로운 존재여서인지도 모릅니다. 홀로 외롭다고 느낀다면, 지금 외로운 면을 베어 물고 있는 것뿐이에요. 시간을 들여 꼭꼭 씹어 소화하고 나면, 달콤한 부분도 음미할 수 있을 것입니다. 우리가 외로움을 감수했기에 존재할 수 있었던 바로 그 부분 말입니다.

나도 몰랐던 내 마음을 발견하다

2부

모든 관계는 나로부터 시작된다

과거의 관계에서 생긴 마음의 매듭들

부모의 자랑이
되어야 한다는
의무감

우리나라 민법상 성인이 되면 할 수 있는 일이 많아집니다. 술과 담배를 직접 구매할 수 있고, 부동산과 자동차 계약 같은 경제활동도 할 수 있게 되죠. 부모의 동의 없이 결혼도 할 수 있습니다. 만 19세가 되면 법률상 어른으로 인정받고 자신의 행동에 책임지기를 요구받는 것입니다. 그런데 이 어른 대우는 법적으로만 그렇고, 현실에서는 별로 그렇지 않습니다. 우리나라는 경제적으로든 정신적으로든 자녀가 부모로부터 쉽게 독립하기가 어려운 구조입니다. 아무래도 자녀 양육에 부모의 희생이 과하게 요구되는 분위기 때문이겠죠. 그래서 성인이 된 이후에도 부모의 영향력에서 벗어나기 어렵고, 자신의 삶을 주체적으로 살기보다 부모의 기대에 부응하려는 경향을 보이기도 합니다.

극심한 회사 스트레스로 퇴사를 고민하던 P도 마찬가지였습니다. 업무는 도무지 익숙해지지 않았고, 일에서 보람도 느낄 수 없었습니다. 상사는 보고할 때마다 한숨을 쉬었고 동기들과의 사이도 삐걱거렸죠. 밤에는 다음 날 출근할 생각에 잠 못 이루고, 출근길 지하철에 눈물이 쏟아져 중간에 내린 적도 여러 번입니다. 이 정도면 그만둘 법도 한데, "요즘 같은 시대에 취업하기가 얼마나 힘든데. 복 받은 줄 알고 다녀"라는 엄마의 목소리가 자꾸 귓가에 맴돕니다. 만약 퇴사를 해버리면 엄마가 얼마나 무책임하다고 생각할지 무섭습니다. P는 아무래도 대학교 원서를 넣을 때부터 단추를 잘못 끼운 것 같다고 말합니다. 책 읽는 것을 좋아해서 문학과 관련된 과를 가고 싶었는데, 뭐 먹고살 것이냐는 엄마의 반대에 부딪혀 취업에 유망한 과에 진학했습니다. 적성에 맞지 않아 힘들었지만 그래도 최선을 다했고, 괜찮은 학점으로 졸업했습니다. 힘든 취업 준비 시기도 잘 견뎌냈습니다. 독서실에 늦게까지 남아 밤을 지새운 적도 여러 번입니다. 마침내 최종 합격 소식을 들었을 때 손뼉을 치며 기뻐하던 엄마의 얼굴을 잊을 수가 없습니다.

어렸을 때부터 착하고 똑똑하다는 칭찬을 들었던 P는 늘 엄마의 자랑이었습니다. 다른 사람들이 P를 칭찬하면 그의 엄마는 마치 자신이 칭찬받는 것처럼 뿌듯해하는 눈길로 P를 바라보곤 했어요. 그럴 때마다 P도 산산한 기쁨을 느꼈습니다. 엄마를 기쁘게 해주고 싶다는 바람은 분명 P에게도 원동력이 되어 주었습니다. 하지만 이제는 엄마의 자랑이 되고 싶다는 욕구가 P의 발목을 붙잡습니다. 당장 이번 명절도 걱정됩니다. 지난 명절에 대기업에 입사했다며 친척들로부터 엄청난 부러움을 받았는데, 그 사이에 백수가 되어버리면 엄마가 얼마나 면목이 없을까요. 자기 자신보다도 엄마의 반응이 더 신경 쓰입니다. 한편으로는 억울한 마음도 듭니다. 내 인생 내가 사는 건데, 왜 이렇게 엄마의 눈치를 보게 된 건가 싶어서요.

정도의 차이는 있지만, 아마 많은 이들이 P처럼 자신이 부모의 기쁨과 자랑이 되어야 한다는 책임감을 느끼는 것 같습니다. 스스로 느끼기에 부모의 희생이 크면 클수록 압박감도 심해지죠. P의 경우는 어린 시절 유학 경험이 그러했습니다. 앞으로 영어가 중요해질 것이라는 말에 P의 엄마는 어린 P를 데리고 외국행을 결정했습니다. 타지 생활이 쉽지 않을 것이라 생각은 했지만, 현실은 예상보다 더 냉혹했습니

모든 관계는 나로부터 시작된다

다. 모든 게 낯선 곳에서 P의 보호자 역할을 다하기 위해 신경을 곤두세우고 악착같이 살아남아야 했죠. 물론 힘든 나날 속에 즐거운 시간도 있었습니다. P는 갑자기 열이 오르고 많이 아팠던 날 P를 업고 병원에 가 서툰 영어로 증상을 설명하던 엄마의 모습이 아직도 생생하다고 말합니다. 그날 학교에 가지 않고 집에서 엄마와 함께 나눠 먹은 팬케이크가 유난히 달콤했던 기억도요.

엄마가 나 되고
내가 엄마 되면
그 자장가 불러줄게
엄마가 한 번도 안 불러준
엄마가 한 번도 못 들어본
그 자장가 불러줄게

내가 엄마 되고
엄마가 나 되면
예쁜 엄마 도시락 싸
지 지으러 가는 백일장에
구름처럼 흰 레이스 원피스

며칠 전날 밤부터 머리맡에 걸어둘게

나는 엄마 되고
엄마는 나 되어서
둥실

— 하재연, 〈이생〉

돌이켜 보면 당시의 엄마도 하고 싶은 것도 누리고 싶은 것도 많았을 젊은 나이였는데 어떻게 그렇게까지 자식의 미래를 위해 희생할 수 있었을까요? P는 "나름대로 엄마를 위한다고 노력하지만, 자식으로서는 도저히 그 반도 따라가지 못할 것 같아요"라고 말하곤 했습니다. 그러고는 엄마는 자기에게 그렇게까지 해줬는데, 자기는 하물며 회사 생활도 견디지 못한다며 자책했죠. 회사 생활이 힘들어서 당장이라도 그만두고 싶지만, 한편으로는 이런 생각을 하는 자신이 이기적이고 은혜도 모르는 사람이 된 것 같아 죄책감이 들었습니다.

이런 관계는 P만의 특수한 상황이 아닙니다. 진료를 보다보면 부모와 자식 간의 잘못된 관계 설정으로 힘들어하는 분들을 많이 만납니다. 특히 같은 여성으로 서로의 입장을 이해하는 엄마와 딸의 사례가 많은 편이고요. 자식들은 힘들어하면서도 어떻게든 부모의 희생에 보답하려 노력하지만, 이는 건강한 방법이 아닙니다. 먼저 양육과 부양은 다르다는 사실을 인지해야 해요. 어린 아기는 보호자 없이는 살아갈 수 없으니 일거수일투족을 부모가 곁에서 지켜야 합니다. 하지만 부모는 스스로 판단하고 결정을 내릴 수 있는 성인입니다. 내가 없어도 충분히 삶을 영위해 나갈 수 있어요. 양육은 온전히 매달려야 하는 것이지만, 부양은 내 생활을 유지하면서 해야 하는 것으로 형태와 요구사항이 다릅니다. "내가 널 어떻게 키웠는데!"라는 힐난은 이러한 양육과 부양의 차이를 인지하지 못하는 데에서 비롯된 것이라 할 수 있습니다. 부모와 자식 모두 각자를 독립된 개체로 인식해야 합니다. 부모는 자식의 보호자이지 소유자가 아닙니다.

　신생아 시기의 아기는 어디까지가 나인지에 대한 인식이 없어서 엄마를 포함한 세상과 나를 구분하지 못합니다. 울면 엄마가 와서 안아주고, 밥을 주거나 기저귀를 갈아주며 내 불편함을 해결해 주기에 자신의 뜻대로 되는 일부라고 생각힐 수 있습니다. 하지만 엄마라고 해서 아이의 모든 욕구를 정확하게 파악할 수 없겠지요. 당연히 점점 욕구를 충족해 주기 어렵게 됩니다. 이때 욕구가 좌절된 아이는 엄마가 내 마음대로 되지 않으며, 나의 일부가 아니라는 생각을 하기 시작합니다. 근육이 발달해 손을 뻗어 닿을 수 있는 것들이 생기고, 기어 다니고 걷기 시작하면서부터는 의지를 행동으로 옮기며 독립된 개체임을 더욱 느낄 수 있게 됩니다. 어디까지가 나이고 어디부터가 외부인지를 느끼고 스스로를 인식하기 시작하는 것이죠. 이렇게 성장을 하다 뇌 발달이 증폭하며 감정과 생각이 커지는 사춘기가 오고, 이 시기에는 엄마보다 나에게 더 중요한 과제들이 생기며 독립이 진행됩니다.

중요한 건 아이는 점점 부모로부터 독립하고 있는 데에 반해, 부모는 아이의 독립을 못 따라가는 경우가 많다는 사실입니다. 신생아 시기에는 아이의 모든 요구를 해결해 주기 위해 부모가 자신의 욕구를 누르고 아이에게 모든 것을 맞추며 희생합니다. 이 시기에 아이가 엄마를 자신의 일부라고 생각하는 것처럼, 어쩌면 엄마도 아이가 자신의 일부라고 느낄 수 있죠.

아이가 건강한 독립체로 성장하기 위해서는 적절한 좌절도 겪어야 하는데, 아이를 사랑하는 마음이 너무 크다 보면 좌절을 겪지 않도록 일을 대신해 주거나 모든 요구를 들어

모든 관계는 나로부터 시작된다

주려 합니다. 이와 같은 행동은 보호한다는 목적으로 무심코, 별일 아닌 듯 일어납니다. 아직 걸음이 서툰 아이가 넘어지겠다 싶으면 얼른 달려가 안아주고, 손을 뻗어 무언가 만지려 하면 혹여나 위험할까 싶어 치워서 못 만지게 하는 것과 같은 반응이죠.

학령기에 이르러서는 준비물을 챙기며 가방을 싸주고, 숙제를 옆에서 함께 해주고, 교우 관계에도 끼어듭니다. 아이가 아침을 잘 안 먹으면 따라다니며 입에 밥을 넣어주기도 하고요. 도움이 과하다 보면 아이가 적절한 좌절을 느끼며 욕구의 통제와 책임을 느껴야 할 기회를 얻지 못할 수 있습니다.

그러다 사춘기에 들어서면서 갈등이 본격화됩니다. 이제 아이는 부모보다 중요한 것들이 많이 생기고 내가 무엇을 원하는지 점차 분명하게 알게 되는 데에 반해, 부모는 여전히 아이를 본인의 일부로 생각하며 위험을 줄여주고 싶어 하고, 옳다고 생각되는 길로 걷게 하려 합니다. 독립심과 자아정체감이 확립되는 사춘기에 부모는 자식이 내 마음대로 움직일 수 없는 존재라는 사실을 깨달아야 합니다. 자식도 부모가 나를 위해 내린 결정이 내 뜻과 다를 수 있다는 것을 깨달아야 하고요. 그리고 허용 가능한 방식으로 내가 원하는 것을 관철시키는 연습을 해야 합니다.

사춘기 때 이런 과정을 겪지 못했다면 성인이 되어서 관계 설정을 다시 하는 노력을 할 수밖에 없습니다. 조금 과격하게 말하면 한 번은 전쟁을 치러야 하죠. 그렇다고 서로의 마음에 피를 흘리게 하자는 것은 아닙니다. 다만 그전까지 공고했던 관계에 조금의 균열을 낼 필요가 있다는 말입니다. 물론 오래도록 기대에 부응하기 위해 살아온 사람들에게는 이런 분리가 어려울 수 있어요. 이럴 때는 부모와 나의 영역을 구분하는 게 도움이 될 수 있습니다. 여러분은 부모의 요구를 어디까지 받아줄 수 있나요? 적당히 맞춰줄 수 있는 부분과 도저히 타협할 수 없는 부분이 분명히 있을 것입니다.

사소하게는 말투를 조금 더 다정하게 바꿀 수는 있으나 옷 스타일을 강요하는 것은 도저히 따르지 못할 수도 있고, 아직 경제적 독립을 하지 못했으니 생활 규칙은 지킬 수 있지만, 나의 모든 생활에 간섭하는 건 과도하게 느껴질 수도 있어요. 각자 다 상황이 다르기에 영역의 모양이나 범위에는 정답이 없습니다. 시기에 따라 유동적으로 바뀔 수도 있고요. 하지만, 각자의 영역이 있다는 사실을 인지하고 요구에 따를 것인지의 여부를 의식적인 선택의 영역으로 가져오는 것만으로도 충분히 의미가 있습니다.

모든 관계는 나로부터 시작된다

바다가 가까워지자 어린 강물은 엄마 손을 더욱 꼭 그러쥔 채 놓지 않았습니다. 그러다가 그만 거대한 파도의 뱃속으로 뛰어드는 꿈을 꾸다 엄마 손을 아득히 놓치고 말았습니다. 그래 잘 가거라 내 아들아. 이제부터는 크고 다른 삶을 살아야 된단다. 엄마 강물은 새벽 강에 시린 몸을 한번 뒤채고는 오리처럼 곧 순한 머리를 돌려 반짝이는 은어들의 길을 따라 산골로 조용히 돌아왔습니다.

– 이시영, 〈성장〉

아이는 잘 독립할 수 있을 때까지 소중히 맡았다가 보내 줘야 하는 선물이라는 말이 있습니다. 보호자의 역할은 그 기간 동안 선물을 잘 지키고 보호해 주는 것입니다. 그리고 자녀 또한 이 세상에 선물이 되는 것만으로 나는 이미 충분히 보호자의 시간에 보답했다는 사실을 인지해야 합니다.

그리고 곰곰이 생각해 보면 P는 엄마에게 희생을 강요한 적이 없습니다. 여러분도 마찬가지일 것입니다. 자기 자신보다 자녀에게 가치를 두는 삶을 선택한 것은 엄마 자신입니다. 내가 요구하지 않은 것에 대해 보상을 바란다면, 엄마가 착각하고 있거나 과한 요구를 하고 있다는 사실을 인지해야 합니다. 너무 냉정하게 들린다고요? 하지만 이는 진정한 의미에서 엄마를 존중하는 것일 수 있습니다. 나와 엄마 모두 각자의 몫을 질 수 있는 성인입니다. 일상의 사소한 부분까지 엄마에게 의존하던 어린 시절에서 벗어나 점차 자신의 의지에 따라 삶을 선택하게 되는 것은 자연스러운 성장과정입니다. 통과의례와도 같은 일을 엄마가 받아들이지 못하리라 단정하는 것은 오만일 수 있어요. 엄마가 나를 독립된 개체로 놓아주길 원하는 것처럼, 우리도 엄마를 독립된 개체로 놓아줄 수 있어야 합니다.

엄마에게는 엄마의 몫이, 나에게는 나의 몫이 있습니다. 유학 시절 P의 엄마가 희생한 것은 사실이지만 희생한 사람은 엄마뿐이 아니었습니다. P 또한 힘든 시간을 보냈습니다. 친구가 중요한 사춘기 시절을 말이 제대로 통하지 않는 해외에서 보내는 것은 끔찍한 일이었습니다. 선생님의 농담에 다른 아이들처럼 웃을 수 없었고, 친구들에게 무시당하거나 놀림의 대상이 되기 일쑤였습니다. 수업을 듣다 보면 혼자 다른 언어를 사용하는 외계인이 된 것 같았어요.

P의 엄마는 아직도 이 사실을 모릅니다. 어린 나이였지만 엄마를 힘들게 하면 안 된다는 생각에 티를 내지 못했거든요. "얘가 그래도 적응력은 참 좋아. 어린 나이에 외국에

서 학교 다니기가 쉽지 않았을 텐데 학교 가기 싫다고 투정 한 번을 안 부리더라니까." 엄마의 자랑을 들으면 뿌듯한 한 편으로 쓴웃음이 번집니다. P 또한 당시 자신의 몫을 충분히 견뎠습니다. 지금도 출근하며 애써 웃음을 지어 보이는 것처럼요.

엄마의 몫은 엄마가 져야 합니다. 나처럼 엄마도 충분히 그럴 수 있는 성인입니다. 엄마를 믿어보세요. 그리고 엄마의 말을 따르지 않아도 여전히 엄마를 사랑하는 자신의 마음을 믿어보세요.

사랑을
계속해서
시험하는 사람

"역시 세상에 저를 사랑해 줄 사람은 없는 것 같아요."

한 환자분은 사랑이 끝날 때마다 이 말을 자조적으로 내뱉었습니다. 그의 연애 패턴은 늘 비슷했습니다. 연인과 관계가 가까워진 것 같으면 상대가 자신을 진정으로 사랑하는지, 자신이 어떠한 행동을 해도 떠나가지 않을지 궁금해했습니다. 그리고 '내가 이렇게 해도 나를 사랑할 거야?'라는 생각을 가지고 상대의 사랑을 시험합니다. 버티지 못한 상대가 결국 자신을 떠나가면 '역시 나를 감당할 수 있는 사람은 없어'라고 다시금 확신하게 되죠.

저는 이 분이 영화 〈굿 윌 헌팅〉의 주인공 윌과 겹쳐 보였습니다. 윌은 타고난 천재이지만 뒷골목을 전전하며 폭행 사건에 연루되는 등 반항적인 기질을 지닌 인물입니다. 내로라하는 이공계 수재들이 모이는 MIT에서 청소부로 일하고 있던 그는 복도에 적힌 수학 증명 문제를 풀어내 수학 교수 램보의 눈에 띄게 됩니다. 윌의 천재성을 한눈에 알아본 램보는 그에게 기회를 주고 싶었지만 윌이 좀처럼 마음을 열지 않자 심리학과 교수 숀에게 도움을 요청합니다.

자신의 재능을 알아보고 기회를 주려는 이가 있다면 은인처럼 생각하며 감사해하는 게 일반적이죠. 하지만 윌은 조금 다릅니다. 그는 램보에게 시종일관 날이 선 태도를 보이고, 그의 지식을 조롱하기까지 합니다. 그가 마련해 준 면접 자리에서도 비아냥거리는 태도를 보여 램보 교수의 체면을 손상시킵니다.

영화에서 윌은 그와 유의미한 관계를 맺으려는 모두의 진심을 의심하며 공격적인 태도로 일관합니다. 그의 마음을 이해하고 지지를 보내려는 숀에게는 결국 당신의 아내도 죽지 않았냐고 소리 지르는 등 상처를 주는 일을 주저하지 않습니다. 그를 사랑한다고 고백하는 연인 스카일라에게도 어차피 돈 많은 부잣집 아들과 결혼하고 자신은 버릴 것이 아니냐며 쏘아붙입니다. 그는 마치 정을 떼려고 작정한 것처럼 사람의 한계를 시험합니다.

월과 환자분에게는 공통점이 있습니다. 과거에 자신을 사랑해 줘야 할 사람들에게 버림받은 경험이 있다는 것입니다. 환자분은 어릴 때 부모님이 이혼하고 각자 가정을 꾸렸는데, 두 사람 모두 자신을 키우지 않으려 했던 것이 큰 상처로 남아 있다고 털어놓았습니다. 결국 외할머니 손에서 자랐는데, 이미 연로했던 외할머니 또한 충분한 사랑을 주지 못했습니다. "너 때문에 너무 힘들다"라는 말을 듣지 않기 위해 어린 나이부터 집안일을 스스로 하고 말썽도 부리지 않으며 또래에 비해 성숙하게 자랐습니다. 최소한의 경제적 지원만 받으며 독립도 잘 이뤄냈다고 자부하지만 유년 시절의 기억은 누군가와 관계를 맺을 때마다 발목을 붙잡습니다. 마찬가지로 월도 입양과 파양을 반복하며 안정적인 애착 관계를 이루지 못했습니다. 설상가상으로 양아버지는 그에게 폭행을 일삼았습니다. 타인에 대한 불신은 월의 마음속 깊이 자리 잡아 쉬이 사그라들지 않습니다.

어린 시절 안정적인 발달과정을 거치며 획득해야 하는 과제 중 대상영속성과 대상항상성이 있습니다. 아주 어린 아이들은 손으로 얼굴을 가렸다가 얼굴을 보여주는 '까꿍놀이'에

신기해하며 까르르 웃곤 합니다. 이는 눈에 보여야만 대상이 있다고 인지하고, 보이지 않으면 없다고 받아들이기 때문입니다. 아기들이 엄마가 눈앞에 없으면 불안 증세를 보이며 울음을 터뜨리는 것도 이러한 이유에서입니다.

하지만 18~24개월이 지나면 아이들은 눈앞에 엄마가 없어도 이전만큼 크게 불안해하지 않고, 엄마가 나타나길 기다리거나 직접 찾는 행동을 보이게 됩니다. 이는 눈앞에 보이던 물체가 사라진다고 해서 그 존재가 소멸되지 않는다는 사실을 인식하는 능력인 대상영속성이 발달했기 때문입니다. 이 시기 아이들은 물리적인 대상영속성뿐만 아니라 정서적인 대상항상성도 발전시켜 나갑니다. 대상항상성은 엄마가 눈에 보이지 않아도 어딘가에 존재하며, 더 나아가 자신과 연결되어 있다고 느끼는 능력을 의미합니다. 발달과정에서 안정적인 부모의 상을 마음속에 잘 간직한 아이들은 부정적인 감정을 경험해도 좋은 감정을 떠올리는 능력을 가지게 됩니다. 대상항상성을 얼마나 안정적으로 습득했는지에 따라 관계에서의 좌절을 받아들이는 방식이 달라집니다. 부정적인 감정에서 빠져나오기 어려워하는 사람이 있는 반면, 좋았던 순간과 상대의 괜찮은 면을 떠올리며 부정적인 감정을 해소하는 사람도 있습니다.

엄마가 안정적인 태도와 일관된 사랑으로 양육을 하면 아이는 엄마를 따뜻하고 좋은 사람으로 인지합니다. 무엇보다 이 시기의 아이는 자기 자신과 세상에 대한 느낌 또한 엄마의 반응으로부터 얻기 때문에 세상은 자신에게 우호적이고 스스로도 사랑스러운 존재라는 긍정적인 자기 신념을 가지게 됩니다.

하지만 안정된 애착을 경험하지 못하면, 마음속에 일관적이며 자신을 지지해 줄 대상이 부재하게 됩니다. 나는 사랑받을 만한 존재가 아니기에 지금은 나에게 우호적인 사람이라도 언제든 나를 떠나갈 수 있으며, 세상 또한 불안정하기에 언제든 돌아설 수 있다고 느낍니다. 이렇게 어린 시절 양육자와 친밀하고 신뢰 있는 정서 교류를 경험하지 못했던 이들에게는 타인과 세상에 대한 불안한 믿음이 생겨납니다. 이전에도 그랬듯 앞으로도 타인과 세상이 자신을 외면할 것이라는 믿음 말입니다.

내 집은 왜 종점에 있나

늘

안간힘으로
바퀴를 굴려야 겨우 가닿는 꼭대기

그러니 모두
내게서 서둘러 하차하고 만 게 아닌가

– 박소란, 〈주소〉

종점에서는 모두가 내리는 것처럼, 이들에게 자신이 버림받는다는 미래는 당연한 사실로 존재합니다. 숀은 윌에 대해 "사람들이 자기를 떠나기 전에 먼저 떠나게 만들고 있어"라고 이야기합니다. 윌은 램보 교수가 자신을 포기할까 봐 두려워 먼저 기대를 저버리고, 숀이 자신을 지지해 주지 않을까 두려워 도저히 용납할 수 없는 행동을 저지릅니다. 그리고 스카일라가 더 이상 자신을 사랑하지 않을까 두려워 폭언을 퍼부으며 먼저 관계를 닫아버립니다. 환자분과 윌 두 사람에게 타인은 마땅히 자신을 버리는 존재이기에, 상대방에게 불가능한 과제를 시험함으로써 자신을 버림받는 상황에 두고자 합니다.

윌의 경우에는 운이 좋았습니다. 그에게는 인내심을 가지고 자신의 마음을 헤아려주는 안정적인 치료자 숀이 있었습니다. 더욱이 숀 또한 어린 시절 알코올 중독인 아버지에게 거의 매일같이 구타를 당하던 경험이 있었고, 최근 사랑하는 아내를 암으로 떠나보내는 등 윌과 비슷한 아픔을 가시고 있었습니다.

숀은 위악적인 윌의 도발에 가끔씩 흔들리기도 하지만, 그럼에도 인내심을 가지고 윌을 포기하지 않았습니다. 숀은 윌에게서 자신만만하고 남을 아무렇지 않게 깔보는 것 같지만 사실은 버림받길 두려워하는 연약한 내면을 보았습니다. 무엇보다 숀은 냉소적인 듯하지만 한편으로는 타인과 세상에 대한 믿음을 저버리고 싶지 않은 윌의 욕망을 알아봐 주었습니다. 이를테면 윌은 학위 따위 아무 관심 없다고 말하면서도 굳이 집과 멀리 떨어진 MIT에서 청소부로 일하고 있었고, 복도에 적힌 수학 문제를 자진하여 풀었으며, 겉보기엔 양아치 같고 시시껄렁한 대화만 주고받지만 그를 응원하는 친구들을 누구보다 소중히 여기고 있었습니다. 늘 마지못해 나왔다는 듯 심드렁한 태도이지만 약속된 시간에 숀의 사무실에 나타났고, 스카일라에게도 용기를 내어 먼저 전화를 걸었습니다.

자신과 눈 맞추고 이야기해 주는 숀의 노력 덕분에 윌은 마침내 스스로의 인생을 위한 선택을 하고 유의미한 관계를 이어가겠다는 결단을 내립니다. 계속 연락하고 지내고 싶다고 고백하는 윌에게 숀은 웃어보이고, 직장도 포기한 채 스카일라를 찾아가겠다는 그의 결심을 진심으로 응원합니다.

〈굿 윌 헌팅〉은 곁에 무조건적인 지지를 보내는 사람이 단 한 명이라도 있을 때 개인의 삶이 얼마나 놀랍도록 변화할 수 있는지를 효과적으로 보여줍니다. 이렇듯 마땅히 자신이 버림받을 것이라 생각하는 이들이 타인과 세상에 대한 신뢰를 회복할 수 있는 가장 좋은 방법은 이전에 느껴본 적 없던 정서적인 안정감을 경험하는 것입니다. 내가 무엇을 해도 변하지 않고 나를 받아줄 수 있는 누군가가 있다는 인식을 가지는 것이 첫 번째입니다.

그래서 이 같은 어려움을 겪는 분들에게는 저와 같은 치료자들이 무엇보다 안정된 대상이 되어주려고 노력합니다. 같은 요일, 같은 시간에 약속을 잡는 것이 중요합니다. 아마 일주일 동안 여러 일들이 생기겠지요. 좋은 일만큼 나쁜 일도 있을 것이고, 그중에는 언젠가 버림받을 것이라는 핵심 믿음을 더 공고화하는 경험이 있을지도 모릅니다. 하지만 온갖 일이 다 일어나는 와중에도 일주일에 한 번은 병원에

올 수 있습니다. "그래도 금요일 두 시에는 병원에 가니까"
와 같이, 바닥에 발 디딜 수 있는 부분을 하나는 마련해 주는
거예요.

안정적인 세팅 안에서 치료자와 가까워지는 걸 느끼는
도중 스스로를 방어하려는 감정이 날것으로 나오기도 합니
다. 가까운 사람들을 떠나게 만들었던 상황이 재현되기도 합
니다. 하지만 그동안 자신을 비난하며 떠나갔던 상대들과
달리, 치료자는 나를 받아주고 기다려줍니다. 자신의 모습
을 있는 그대로 보여주고 감정을 표출해도 늘 같은 모습으
로 내 앞에 있어주는 치료자를 통해 안정적인 감정을 새롭
게 경험하게 됩니다. 진료실 안에서 만들어간 관계를 밖으
로도 확장해 나가며, 점차 대인관계를 안정적으로 유지할 수
있게 됩니다.

슬픔이 끝나지 않고 슬픔이라면
그는 또 물 속의 풀잎처럼 살 것이다
오후의 햇빛은 흐르는 물을 푸른 풀밭으로 바꾸고
흐름이 끝나는 데서 물은 머무는 그림자를 버린다

상류로 거슬러오르는 물고기떼처럼

그는 그의 몸짓이 슬픔을 넘어서려는 것을 안다
모든 몸부림들이 빛나는 정지靜止를 이루기 위한 것임을

— 이성복 〈상류로 거슬러오르는 물고기떼처럼〉

과거의 관계에서 시작된 슬픔이 계속해서 선택을 결정하도록 허락한다면, 물속의 풀잎처럼 슬픔에 휩쓸려 갈 수밖에 없습니다. 하지만 여러분은 조류에 따라 허우적대는 풀이 아니라 슬픔을 거슬러 오르는 물고기떼가 될 수 있습니다. 거슬러 오르는 과정은 힘들고 버겁겠지만, 넘어서는 빛나는 순간을 향해 한 걸음 떼보는 것이 어떨까요.

꽉 닫혀 있던 윌의 마음을 연 것은 "네 잘못이 아니야"라는 숀의 한마디였습니다. 상투적인 말에 윌은 처음에는 "나도 안다"며 냉소적으로 반응합니다. 하지만 숀이 과거에 버림받은 것은 윌에게 문제가 있어서가 아님을 열 번이나 반복하여 알려주자, 결국 윌은 숀의 어깨에 머리를 묻고 울음을 터뜨립니다.

사랑받을 자격이 없는 사람은 없습니다. 누구에게나 사랑받고 사랑할 자격이 있습니다. 다만 이 자격을 의심할 때 사랑받을 능력을 잊어버리게 되는 것이지요. 사랑한다고 말하

모든 관계는 나로부터 시작된다

는 상대방의 말을 의심하고 시험하려는 대신 이번에는 다르게 사랑해 보려는 마음을 가져보았으면 합니다. 그 과정에서 자꾸만 두려운 마음이 생긴다면 주문처럼 다음의 말을 되뇌어보면 좋겠습니다. "괜찮아, 내 잘못이 아니야."

사랑이
지나간
자리에서

고대 그리스 철학자 플라톤의 《향연》은 사랑의 신인 에로스를 예찬하는 내용을 담고 있습니다. 이야기의 배경은 연회장인데, 연회에 모인 소크라테스와 그의 추종자들은 그날의 대화 주제를 에로스에 대한 찬양으로 결정합니다. 연회에 모인 일곱 명의 사람들은 돌아가면서 에로스 신에 대해, 또 사랑에 대해 이야기를 하기 시작하는데 그중 희극 작가였던 아리스토파네스는 작가답게 뛰어난 상상력을 발휘하여 흥미로운 이야기를 들려줍니다.

그의 이야기에 따르면 원래 인간은 두 사람이 한 몸에 붙어 있었다고 합니다. 네 개의 팔다리와 두 개의 얼굴을 갖고 있었다는 거죠. 하나의 머리 위에 두 개의 얼굴이 정반대 방향을 바라보고, 팔다리가 네 개나 되니 앞이든 뒤든 원하는 대로 어디든 갈 수 있었으며 힘도 아주 셌다고 합니다. 그래서 자만하게 되었나 봅니다. 신들을 공격하기에 이른 인간의 오만함을 두고 볼 수 없었던 신들은 벌을 내리기로 합니다. 인간을 둘로 쪼개기로 한 것이지요. 이후 인간은 둘로 나뉘어 갈라져 나간 반쪽을 그리워하게 되었다고 합니다.

우리는 온전한 인간의 일부에 지나지 않기 때문에 평생 잃어버린 반쪽을 찾아다니는 걸까요? 그렇다면 서로를 한눈에 알아볼 수 있게라도 하지, 반쪽을 찾는 것은 퍽 어려운 일이라 우리는 원치 않게 몇 번의 이별을 경험하게 됩니다. 그리고 대부분의 이별은 아프지요. 어떤 때는 이별을 통보받아서 아프고, 어떤 때는 이별을 고해서 아픕니다. 몇 년 전 유행했던 노래의 가사처럼 총에 맞은 듯한 고통을 주기도 하고, 영화의 주인공들처럼 사랑했던 기억을 지우는 수술을 받지 않고서는 견디기 힘들 정도의 슬픔을 주기도 하죠.

사랑에 빠지는 건 알아채기도 힘들 정도로 순간인데, 사랑에서 빠져나오는 데에는 억겁의 시간이 필요합니다.

꽃이

피는 건 힘들어도
지는 건 잠깐이더군
골고루 쳐다볼 틈 없이
님 한번 생각할 틈 없이
아주 잠깐이더군

그대가 처음
내 속에 피어날 때처럼
잊는 것 또한 그렇게
순간이면 좋겠네

멀리서 웃는 그대여
산 넘어 가는 그대여

꽃이
지는 건 쉬워도
잊는 건 한참이더군
영영 한참이더군

– 최영미, 〈선운사에서〉

　　　　　　　모든 관계는 나로부터 시작된다

사랑을 할 때는 이 사랑이 영원할 것이라 믿고 상대를 내 인생의 전부로 여깁니다. 그런데 사랑이 끝나면 하루아침에 남이 되어버립니다. 이 간극이 헤어진 뒤에 사람들을 힘들게 해요. 아리스토파네스가 이야기한 대로 나와 한 몸이었던 것 같은 사람, 내가 곧 너이고 네가 곧 나였던 사람을 인생에서 도려내는 일은 혼란, 우울, 공허, 분노 등 견디기 힘든 고통을 줍니다. 그러니까 이별 후에 시간이 필요한 것은 당연한 일입니다. 일종의 애도과정이라고 볼 수 있지요.

애도과정이라는 말은 죽음을 받아들이는 과정에서 보이는 감정 반응을 뜻하는데, 소중한 사람을 상실했다는 점에서 이별할 때도 비슷한 과정을 경험합니다. 모든 것을 다 바쳐 사랑했던 사람이 떠나가거나 돌연 이별을 통보했을 때, 또는 다시는 사랑하는 사람을 만나지 못하게 되었을 때 느끼는 감정은 죽음을 맞닥뜨렸을 때처럼 충격적이니까요. 그렇기 때문에 시의 구절인 "잊는 건 한참이더군"이라는 말에 깊이 공감할 수 있지요.

이별의 고통은 증상이 아니라서 치료의 대상은 아니지만, 마음이 너무 아픈 나머지 진료실 문을 두드리는 분들이 있습니다. 증상이라면 적극적으로 대처하겠지만 이는 자연스러운 감정이기에 여기서 빨리 빠져나올 수 있는 요령 같은 건 없습니다. 오히려 빨리 빠져나오려 하다가 문제를 만들 수도 있어요. 제가 할 수 있는 것은 고통을 견디는 시간이 너무 아프지 않도록 도와주는 것뿐입니다.

　사랑을 잃은 사람들을 가장 힘들게 하는 것은 이별이 내 탓이라는 생각입니다. 보통 헤어지는 과정에서 상대에게 공격을 받은 경우 이런 생각에서 벗어나기가 어렵습니다. 서로의 마음이 식은 것을 확인하며 담담하게 사랑을 끝내는 경우도 있지만, 언제 우리가 사랑을 하기라도 했냐는 듯이 서로에게 비수를 꽂으며 돌아서는 사랑도 있습니다. 한때 사랑했던 사람에게 날카로운 비난의 말을 들으면 충격도 크고, '내가 정말 그런가?' 하며 자신의 행동을 곱씹게 됩니다. 특히 "너를 만나는 동안 너무 힘들었다", "그동안 연애를 많이 해봤지만 나를 이렇게 힘들게 한 사람은 네가 처음이다", "너는 사랑을 할 줄 모르는 사람이다"처럼 성격이나 존재와 관련된 공격이라면 더욱 치명적입니다. 몇 번의 이별을 거치면서 이런 이야기를 반복해서 듣다 보면 확실히 나에게 문제가 있다고 여기게 됩니다. 그러면 '나에게 문제가 있으니까 누굴 만나도 똑같을 거야'라는 생각으로 이어질 수 있습니다.

　그러나 이별과정에서 상대로부터 듣는 이야기가 나의 모

습을 대변하는 것은 아닙니다. 나는 충분히 괜찮은 사람이고, 이별은 상황이나 둘의 문제가 복합적으로 얽힌 결과이지 전적으로 한 사람만의 문제는 아닙니다. 오랜 시간을 함께했고, 나에 대해 그 누구보다 잘 알 것이라 믿었을 테지만 연인이었다고 해서 여러분을 다 아는 것은 아닙니다. 나에 대해 제대로 이해하지 못하고 평가하는 것은 그 사람의 생각일 뿐이지 진짜 내 모습이 아닙니다. 진짜 나의 모습과 상대의 공격을 분리해야 합니다.

　마음이 약해져 있을 때는 상대방의 공격이 진실인 것처럼 느껴집니다. 내가 정말 그런 사람이라는 생각이 들고 모든 게 내 탓 같습니다. 어떤 환자분은 이별과정에서 상대에게 너 때문에 공황장애가 생겼다는 말을 들었는데 그 말에 너무 파고든 나머지 내가 주변 사람들에게 공황장애를 일으키는 사람이라는 데에까지 생각이 미쳤습니다. 하지만 공황장애는 그렇게 간단한 논리로 발병하지 않습니다. 그리고 한 사람에게 그런 말을 들었다고 해서 주변 사람 모두에게 그런 영향을 끼치는 것도 아니고요. 서로 상처를 주는 이별과정에서는 과한 비난이 오가기 마련입니다. 그리고 이별의 이유는 대부분 복합적이기 때문에 상대방의 이유, 상황의 이유, 나의 이유가 혼재되어 있어요. 그러니 상대가 여러분에게 쏜 화살을 꼭 쥐고 더 깊이 누르지 말아야 합니다.

이별을 경험한 사람의 몸에서는 코르티솔이라는 호르몬 수치가 증가합니다. 외부의 스트레스와 같은 자극에 맞서기 위해 분비되는 물질로, 스트레스에 내항해서 몸 선제적으로 에너지를 공급하게 하는 신호를 전달합니다. 따라서 맥박과 호흡이 빨라지는 것은 물론 근육이 긴장하고, 감각기관의 예민함이 증대됩니다. 면역력 또한 저하되죠. 이별 후에 심한 몸살을 앓기도 하는 것은 이 때문입니다. 더욱이 이별한 사람의 뇌는 한창 사랑에 빠진 사람의 뇌와 비슷한 부분이 작용합니다. 결국 가질 수 없는 대상에 대한 열망은 그 사람에게 더 집중하게 만듭니다.

마음이 힘들 때 가장 피해야 할 행동은 그 일을 소재로 계속해서 생각을 이어나가는 것입니다. 해야 할 일도 하지 않고 시간을 다 비워놓은 채 혼자 가만히 앉아서 그에게 들었던 말을 곱씹고, 이랬으면 어땠을까 저랬으면 어땠을까 후회하면 슬픈 감정이 끊임없이 재현되며 상황에 더욱 몰입하게 됩니다.

이미 일어난 일이나 기억을 지울 수는 없습니다. 하지만 감정은 다릅니다. 우리를 힘들게 하는 것은 기억보다는 기억이 불러일으키는 감정입니다. 시간이 지나면 기억은 그대로일 수 있어도, 감정 반응은 분명히 조금씩 줄어듭니다. 더 오랜 시간이 지나면 기억은 나지만 별다른 감정은 느껴지지 않게 되고요. 희망적인 점은 감정이 붙지 않은 기억은 뇌에서 중요하지 않은 기억으로 분류된다는 사실입니다. 중요하지 않은 기억이니까 불쑥불쑥 떠오르는 빈도도 줄어들고 일부러 찾아 생각하지 않으면 더 이상 멋대로 떠오르지 않게 되죠.

지금 당장 이 슬픈 감정에 집중해 억지로 정리하거나 해결하려 하는 것은 무의미한 일입니다. 이 노력은 억압에 가까우며, 애도의 시간을 기다려주지 않는다면 억압된 생각과 감정은 다른 곳으로 튀어 올라 대인 관계나 일상에 영향을 줄 수 있습니다. 이 시간을 덜 힘들게 보내기 위해서는, 생각은 조금 나중에 하고 힘에 부쳐도 최대한 눈앞에 있는 일상적인 일들을 하면서 지내는 것이 좋습니다. 회사에 휴가를 내고 집에 틀어박혀 이별만을 반복해서 생각하는 것보다 회사 화장실에서 잠깐 울더라도 출근을 하는 것이 도움이 될 수 있습니다. 쉽지는 않겠지만 한 가지 생각에 몰두하며 상처를 더 깊이 내고 덧나게 하는 것보다 감정이 옅어지기를 기다리는 것이 상처를 잘 아물게 하는 방법입니다.

이 시간을 너무 힘들게 보내면 트라우마처럼 남아 더 이상

사랑하고 싶지 않다거나 다음 사랑을 만날 때 영향을 줄 수 있습니다. 차분히 일상을 지내다 보면 생각을 뿌리치려고 하지 않아도 감정이 조금씩 수그러들 것입니다. 마음이라는 것은 자신을 보호하는 건강한 반응으로 삭동하기 마련이니, 마음의 자정작용을 믿어보기를 권합니다.

상투적인 표현으로 들릴지도 모르겠지만 겨울이 가면 봄이 오듯 아픈 사랑의 애도 기간이 끝나면 새로운 사랑을 할 수 있을 거예요. 어딘가에서 우리의 반쪽 역시 우리를 찾아 험난한 과정을 겪고 있을지도 모르지요. 그러니 이번 사랑의 아픔 때문에 '나는 왜 이럴까'라며 자책하거나 사랑을 포기하지 않았으면 좋겠습니다. 쉽지 않겠지만 시간이 지나가길 기다리면 이 고통도 사라지고 아프지 않은 사랑을 할 수 있을 것입니다.

마지막으로 제가 소중한 대상을 떠나보낼 때 위로가 되어준 시를 소개하려고 합니다. 이 시가 여러분에게도 위로가 되기를 바랍니다.

한 숟갈의 밥, 한 방울의 눈물로

무엇을 채울 것인가,

밥을 눈물에 말아먹는다 한들.

그대가 아무리 나를 사랑한다 해도
혹은 내가 아무리 그대를 사랑한다 해도
나는 오늘의 닭고기를 씹어야 하고
나는 오늘의 눈물을 삼켜야 한다.
그러므로 이젠 비유로써 말하지 말자.
모든 것은 콘크리트처럼 구체적이고
모든 것은 콘크리트 벽이다.
비유가 아니라 주먹이며,
주먹의 바스라짐이 있을 뿐,

이제 이룰 수 없는 것을 또한 이루려 하지 말며
헛되고 헛됨을 다 이루었도다고도 말하지 말며

가거라, 사랑인지 사람인지,
사랑한다는 것은 너를 위해 죽는 게 아니다.
사랑한다는 것은 너를 위해
살아,
기다리는 것이다.
다만 무참히 꺾여지기 위하여.

그리하여 어느 날 사랑이여,

내 몸을 분질러다오.

내 팔과 다리를 꺾어

네

꽃

병

에

꽃

아

다

오

- 최승자, 〈그리하여 어느 날, 사랑이여〉

모든 관계는 나로부터 시작된다

나를 지키는 비밀, 관계를 무너뜨리는 비밀

감추고 싶은 비밀은 관계에 어떠한 영향을 미칠까요? 베른하르트 슐링크Bernhard Schlink의 원작을 바탕으로 하는 영화 〈더 리더: 책 읽어주는 남자〉의 주인공 한나는 비밀을 지키기 위해 사랑하는 사람과의 관계를 끊어냅니다.

영화에서 한나는 내내 이해할 수 없는 선택을 합니다. 역무원으로 일하던 그는 상사가 승진을 제안하자 다니던 철도회사를 그만두고, 특별한 관계를 나누던 마이클도 하룻밤 사이에 떠나버립니다. 유대인을 감시하는 친위대 교도관으로 일했다는 죄목으로 재판을 받을 때에는 글씨체를 비교할 수 있도록 글을 써보라는 판사의 요구에 응하지 않습니다. 결국 자신을 변호하지 않아 죄를 모두 뒤집어쓴 한나는 종신형을 선고받습니다.

한나는 도대체 왜 삶에 불리한 결정만 내렸던 걸까요? 영화의 후반부에서 그 이유가 밝혀집니다. 한나는 문맹이었던 것입니다. 그는 자신이 글을 읽고 쓸 줄 모른다는 사실을 감추기 위해 승진 기회도 날려버렸고, 문맹인 사실을 들키느니 감옥에 가는 것을 선택했습니다. 영화는 여러 윤리적, 역사적 질문을 던지지만 저는 이 영화를 보고 한 사람에게 비밀이란 어떤 의미인지 생각하게 되었습니다.

비밀을 지키는 것은 전적으로 의식적인 과정이어서 힘이 듭니다. 무의식적인 본능은 내가 눈치채기도 전에 억눌러져 나도 남도 모르게 되지만, 비밀은 내가 먼저 감추고 싶다고 느끼고 의식적으로 숨길 것을 선택해 자신만 알고 아무도 모르게 하는 것입니다. 나에게만은 숨기지 못해 힘들고, 이로 인한 불편한 감정도 혼자 감당해야 합니다. 그래서 비밀이 있다는 건 불안하고 외로운 일입니다. 비밀이 나도 모르게 노출되지 않도록 늘 긴장을 유지해야 하기에 몸과 마음이 지칠 수 있습니다. 가끔은 비밀을 지키기 위해 내가 가진 걸 포기해야 할 때도 있습니다. 전범으로 재판을 받을 때조차 한나는 자신이 문맹이라는 비밀을 들키지 않기 위해, 자신의 억울함을 소명하기를 포기합니다.

결국 비밀은 은폐되어야만 하는 것일까요? 우리는 비밀을 지키기 위해 많은 것을 감수하고 살아갈 수밖에 없는 걸까요?

인류의 모든 비밀은 쓰레기가 안고 있지
입다 버린 것
먹고 소화하여 물로 내린 것
쓰다 헤어진 것

주인을 잃은 그 모든 것들은
한쪽에 치워진 채
말을 걸기만 하면
모든 비밀을 쏟아낼 듯 궁리가 많지

그러고 보면 비밀은 밤에 피어나지 않지
습하고 어둑하고 후미진 곳에서 입으로 숨을 쉬지

얼마나 스스로의 안으로 들어가겠다고

비밀로 걸어 잠그었을까

사람은 자신의 비밀을 상세하게 닮아간다지

그 씨 한 톨마저 없으면 우리는 쓰러지지
자신을 설명할 길이 없지

나의 비밀을 남의 비밀에 포함시키기라도 하면서
한 묶음 두었다가
세계가 다시 따뜻해지면
심어질 필요는 있지

그렇게 비밀이길 비밀이길 바라면서
갑자기 싹으로 치솟지 않기를 바라면서

- 이병률, 〈비밀이 없으면 우리들은 쓰러진다지〉

비밀을 안고 사는 사람들의 마음을 잘 대변하는 이 시에서 비밀이 끝까지 비밀로 남기를 간절히 바라는 우리의 바람을 엿볼 수 있습니다. 비밀을 간직하는 것은 우리에게 여러

모든 관계는 나로부터 시작된다

대가를 요구합니다. 굳이 말하지 않는다는 소극적인 거짓말에서 말을 지어내는 적극적인 거짓말로 불어나며 죄책감과 피로감이 더해갑니다. 우리는 내면의 "습하고 어둑하고 후미진" 영역에 얼마나 많은 비밀을 버려두고 애써 외면한 채 살아가는 걸까요.

저마다의 삶에 저마다의 비밀이 있습니다. 그 모양이나 크기도 각기 달라서 어떤 사람에게는 대수롭지 않은 일도, 누군가에게는 비밀이 될 수 있습니다. 직업 특성상 다른 사람에게는 말하지 못하는 이야기를 자주 듣게 되는데, 제가 비밀에 관해 가장 많이 듣는 고민은 정신과 진료에 관한 것입니다. 상담 중에 "정신과 진료를 받는다는 걸 말해야 할까요?"라고 물어보시는 분들이 있습니다. 환자분들뿐만 아니라 제 친구들 중에도 상담받는 사실을 주변에 이야기할지 말지 고민하는 이가 많습니다. 처음에는 약속이나 미팅이 있다는 식으로 둘러댔는데, 주변 사람들도 점점 의아해하는 것 같다고 합니다. 한 친구는 "매주 그렇게 어딜 가?"라는 직장 동료의 물음에 입술이 바짝 마르는 것 같았다고 털어놓았습니다.

정신과 진료를 받는다는 사실을 숨길 필요가 없는 건 맞습니다. 하지만 그럼에도 제가 그냥 이야기하라고 시원하게 말하지 못하는 것은, 정신과 진료를 바라보는 사회의 시선에 편견이 없다고 말할 수 없기 때문입니다. 부모님의 이혼, 출신 학교, 성 정체성 등 많은 비밀이 그러할 것입니다. 그 어떤 것도 비밀이 될 필요가 없는 것들이지만 사회적 편견 앞에서 움츠러들게 됩니다. 이러한 편견을 해결해 나가는 것은 사회의 몫입니다. 사회의 편견에 스스로를 지키려고 하는 것은 존중받아 마땅합니다.

제 친구는 자신이 정신과 진료를 받는다는 걸 밝히고 싶지 않은 한편, 비밀로 간직한다는 게 너무 부담스럽다고 이야기했습니다. 나아가 나중에 거짓말이 들통나면 신뢰가 깨져 인간관계에 악영향을 미칠 것 같다며 불안해했습니다. 비밀을 품고 있을 때 우리가 불안함을 느끼는 이유는 뇌의 작용과도 연관되어 있습니다. 우리 뇌의 대상엽은 진실을 말하도록 설계되어 있습니다. 진실을 감추려고 할 때 대상엽은 부자연스러운 상태에 놓이게 되어 스트레스를 유발합니다. 즉 비밀을 감추는 것과 진실을 말하려는 반대되는 두 가지 목표를 달성하려고 애쓰게 되는 것입니다. 이런 불안한 상태에서 우리의 몸은 더 많은 스트레스 호르몬을 내보내며 기억, 대사, 혈압 등 많은 부분에 부정적인 효과를 줍니다.

하지만 그렇다고 해서 비밀을 고백하는 게 정답은 아닙니

모든 관계는 나로부터 시작된다

다. 비밀을 간직하는 것은 정신적으로 소모되는 일이지만, 자신의 이야기를 전부 털어놓는다고 해서 해피엔딩이 보장되지는 않습니다. 그러니 드러내고 싶지 않은 이야기를 억지로 말할 필요는 없습니다. 나의 비밀을 모두 공유해야만 진정한 관계를 맺을 수 있는 것은 아닙니다. 오히려 성급하게 비밀을 이야기했다가 관계가 비밀을 견디지 못해서 무너지는 경우도 있습니다. 우선은 내가 이 비밀을 다른 사람들과 나눌 준비가 됐는지 생각해 보고, 그다음에는 관계가 나의 비밀을 견딜 수 있을 정도로 단단한지를 파악해야 합니다.

비밀을 말해도 될지 고민이라면 안전함을 기준으로 삼는 것이 좋습니다. 상대방이 이 이야기를 털어놓기에 안전한 사람인가를 생각해 보는 것입니다. 비밀을 듣는다고 해서 나를 부정적으로 생각하거나 외면하지 않으리라 판단되는 사람에게 비밀을 털어놓기 쉬운 것은 당연합니다. 비슷한 이유로 저와 같은 전문가와 상담하거나 온라인에서 익명의 상대에게 기대는 것도 하나의 대안이 될 수 있습니다. 현실에서 공격받을 일이 없는 안전한 공간이기 때문입니다.

예술가 프랭크 워렌Frank Warren은 2004년 사람들에게 엽서를 나눠주고 자신의 비밀을 적어 보내달라는 '비밀엽서 프로젝트'를 시작했습니다. 사람들의 호응은 엄청났습니다. 영

어, 포르투갈어, 프랑스어, 히브리어, 점자 등 다양한 언어로
적은 비밀엽서가 15만 통 넘게 도착했습니다. 이에 미국정
신건강협회는 비밀엽서 프로젝트가 자살 방지에 공헌했다
며 그에게 특별상을 주었습니다. 익명의 상대에게 비밀을 딜
어놓는 것만으로도 정신적 고통이 완화된다는 사실을 인정
한 것입니다.

　지금까지 비밀을 어떻게 이야기하는 것이 좋을지에 대해
이야기해 보았습니다. 이것만으로도 마음의 불안은 어느 정
도 해소가 될 테지만, 저는 가능하다면 관점을 바꿔보라고
권하고 싶습니다. 보통은 비밀이 언제, 어떻게 탄로 날 것인
지만 신경 쓰며 전전긍긍합니다. 하지만 그 전에 그것이 왜
비밀이 되었는지 생각해 본 적이 있나요? 비밀의 힘은 내가
그것에 영향을 받느냐 받지 않느냐에 있습니다. 세상의 편견
때문에 비밀을 말하기가 망설여진다면 비밀을 숨기는 것으
로 자신을 지키는 데에 전혀 죄책감을 느끼지 않아도 됩니
다. 하지만 자신을 바라보는 시선이 왜곡되어 스스로 비밀을
받아들이지 못하고 있는 것이라면 자신의 생각을 점검하고
보완하는 것이 도움이 될 수 있습니다.

　비밀의 위력은 강력하다고 할지언정 절대적인 것은 아닙
니다. 특정한 사건을 비밀로 만들 것인지 아닌지는 우리의

손에 달려 있습니다. 즉 객관적인 사실이 비밀이 되는 데에는 한 사람의 판단이 개입합니다. 정신과 진료를 받는다고 했을 때에도, 누군가는 이를 비교적 편하게 이야기하는 반면 쉽사리 털어놓지 못해 혼자 끙끙 앓는 사람도 있습니다.

제 친구는 매주 상담실을 찾으면서도 정신과 진료를 받는 스스로를 받아들이지 못했던 것 같다고 털어놓았습니다. 그동안 남의 이야기로만 생각했던 일을 자신이 겪게 되니 쉽게 받아들이기 어려웠던 것이지요. 타인에게 이야기하지 못했던 이유는 그것이 자신에게 대수롭지 않은 일이 아니기 때문이었습니다.

앞서 소개한 시는 비밀을 감추고 싶은 마음을 인정하는 한편으로, 비밀이 자신을 설명해 주는 길이라고도 말하고 있습니다. 비밀은 애써 감춰두었던 우리의 마음을 드러냅니다. 비밀을 어떻게 숨길지 고민하는 것이 아니라, 어떠한 사건이 비밀이 되기까지 마음의 과정을 살펴봐야 하는 이유입니다. 이를 통해 우리는 스스로에 대한 부정적인 평가와 왜곡된 시선을 마주하고, 이를 바로잡는 과정을 통해 더 괜찮은 사람이 될 수 있습니다. 더 이상 나에게 부정적인 영향을 미치지 못할 때, 비밀은 효력을 상실합니다.

비밀은 나 자신의 감정을 알아가는 열쇠가 되어주기도 합니다. 정신과 의사인 저를 포함해서, 모든 인간은 가지각색의 열쇠를 가지고 있습니다. 이 열쇠는 우리 마음의 내밀한 방으로 들어가는 열쇠이기 때문에 그 누구도 함부로 빼앗을 수 없습니다.

상대방이 우리에게서 열쇠를 빼앗아 우리 마음의 빗장을 함부로 열어젖히려고 하면 거부감을 느낄 수밖에 없습니다. 열쇠를 내가 가지고 있을지, 누군가와 공유할지는 내가 결정하는 것입니다. 열쇠를 지니고 있다는 사실에도 열쇠를 숨기고 있다는 사실에도 죄책감을 가지지 않아도 된다는 말입니다.

나는
누구인가라는
고민

요즘 L은 자신의 직업이 적성에 맞는지 고민이 많습니다. L의 꿈은 어릴 때부터 선생님이었습니다. 방황하던 중학교 시절 선생님의 조언이 정말 큰 도움이 되었거든요. 혼란스러운 시기를 보내는 학생들에게 든든한 버팀목이 되어주고 싶다는 일념으로 힘든 임용고시도 통과했습니다.

그런데 막상 교단에 선 후 L은 마음만으로는 충분하지 않다는 사실을 깨닫게 되었습니다. L은 친구들에게 싫은 소리를 잘 하지 못하고, 집에서는 꽤 응석받이인 편입니다. 투정도 잘 부리고 집안의 중대한 결정도 부모님에게 다 맡기곤 했죠. 하지만 학교에서는 그런 모습이 용납되지 않았습니다. 질서를 유지하기 위해 어느 정도 엄격한 태도를 가져야 했고 때에 따라서는 혼도 내고 적절한 선에서 징계도 내려야 했습니다. 무엇보다 많은 아이들을 통솔하는 것은 L이 생각했던 것 이상으로 큰 책임감과 리더십이 필요한 일이었습니다.

학생들 앞에서 마음이 약해질 때마다, 또 아이들을 책임져야 한다는 생각에 어깨가 무겁게 느껴질 때마다 L은 자신을 몰아세웁니다. 선생님이 되었으니 유약하고 무책임한 성격은 버려야 한다며 스스로를 다그칩니다. 아직은 맞지 않은 옷을 입은 것처럼 어색하지만, 점점 익숙해질 것이라 생각합니다.

문제는 이 옷을 퇴근한 뒤에도 벗지 못한다는 사실입니다. 애인이나 친구들과 만날 때에도 이전에는 없던 모습이 자꾸만 튀어나옵니다. 새로운 모습으로 거듭나기 위해 고군분투하고 있는데, 가까운 사람들이 L의 단정적인 말투나 독단적인 태도를 지적할 때마다 서운해집니다. "왜 이렇게 훈계를 하냐", "잔소리가 많아졌다"…. 며칠 전에는 왜 자신한테까지 선생님처럼 구냐는 애인의 말에 한바탕 싸움을 벌였습니다.

　　　　　　　　　모든 관계는 나로부터 시작된다

보다 실질적인 고민도 있습니다. L의 학교는 대입에 대한 압박이 심한 편인데, 하필이면 이번에 고등학교 3학년 담임을 맡게 되었습니다. 학창 시절에 성적으로 차별하는 선생님을 제일 싫어했었는데, 성과를 내고 싶다는 생각에 사로잡혀 자신도 모르는 사이에 학생들을 성적으로 가늠하고 있습니다. 적성에 맞지 않는 과에 진학해 후회하는 친구들을 많이 봤으면서도, 진학률을 높이기 위해 학생들에게 커트라인이 낮은 과를 권하는 자신의 모습을 마주할 때마다 자괴감이 몰려옵니다.

아이들을 대학교에 최대한 많이 진학시켜 학교에서 인정받고 싶다는 욕망과 선생님으로서 아이들의 미래를 진심으로 위해주고 싶다는 바람 사이에서 갈팡질팡합니다. 때로는 스스로가 속물 같아 환멸이 느껴지다가도 가끔은 본인이 너무 현실을 모르고 이상만 좇는 게 아닌가 싶기도 해요. 요즘에는 자신이 어떤 사람인지, 자신이 진짜 원하는 게 무엇인지 혼란스럽기만 합니다. 좋은 선생님이 되기 위해, 또 조직에서 인정받기 위해 나름대로 최선을 다하고 있는데 그것이 정말 자신이 바라던 모습이 맞는지 의심스럽습니다. 변화한 자신의 모습을 받아주지 않는 친구와 애인이 야속한 한편으로, 이대로 가다가는 점점 사이가 나빠질 것 같아 걱정도 됩니다. 하지만 가장 큰 문제는 스스로도 어떤 게 진짜 내 모습인지 헷갈린다는 것입니다. 부모님의 결정에 따르는 나, 주도적으로 통솔하려는 나. 인정받고 싶은 나, 가치를 따르고 싶은 나. 이 중 뭐가 진짜일까요?

"제가 어떤 사람인지 모르겠어요."

이는 진료실을 찾는 많은 분의 고민이기도 합니다. 모두가 사회생활을 하며 각자의 직무를 수행해야 하니 누구나 쉽게 경험하는 일일 거예요. 상대방이 누군지에 따라 우리는 특정한 역할을 부여받습니다. 상사에게는 예의 바르면서도 지시에 순응하는 사람이 되어야 하고, 후배에게는 친근하면서도 리더십 있게 이끌어나가는 모습을 보여야 합니다. 심지어는 친구 사이일지라도 누구를 만나느냐에 따라 내 모습이 미세하게 달라지기도 합니다. 어떤 친구를 만나면 진지한 대화를 나누고, 다른 친구를 만나면 가벼운 근황 정도만 공유합니다. 하루종일 웃다가 헤어지는 사이도 있고, 조금은 잔잔한 만남도 있습니다. 믿음직한 직원으로, 사려 깊은 친구로, 자상한 애인으로 역할극을 하다가 집에 돌아오면 내가 누군지 모를 것 같은 기분에 휩싸입니다.

나는 지금 별로 웃을 기분이 아닌데, 오늘 만난 친구는 나에게 평소와 같은 유쾌한 분위기를 기대할 것 같습니다. 돌발상황이 너무 당황스럽고 막막한데, 회사에서는 담당자로서 대응책을 세울 것을 요구합니다. 상대의 기대에 부응하기 위해 가면을 갈아 끼우는 것이 점점 더 부담스럽게 느껴집니다.

거울속에는소리가없소
저렇게까지조용한세상은참없을것이오

거울속에도내게귀가있소
내말을못알아듣는딱한귀가두개나있소

거울속의나는왼손잡이오
내악수를받을줄모르는―악수를모르는왼손잡이오

거울때문에나는거울속의나를만져보지못하는구료마는
거울아니었던들내가어찌거울속의나를만나보기만이라도
했겠소

나는지금거울을안가졌소마는거울속에는늘거울속의내가
있소

잘은모르지만외로된사업에골몰할게요

거울속의나는참나와는반대요마는
또쇄닮았소
나는거울속의나를근심하고진찰할수없으니퍽섭섭하오

– 이상, 〈거울〉

타인에게 보이는 나의 모습은 내가 분명한데 꽤 낯설게 느껴집니다. 때때로 그것은 진짜 나와는 너무 반대라, 오히려 타인보다 이해하지 못하겠다고 느껴질 때가 많습니다. 다른 사람과는 몇 번이고 악수할 수 있지만, 거울 속 나와는 손을 잡을 수 없는 것처럼요. 떠들썩하게 친구들과 놀고 집에 돌아갈 때에는 갑작스레 허무감에 빠지기도 합니다. 오늘도 진짜 나의 모습을 드러내기보다는 친구들이 바라는 모습을 보여주기에 급급합니다. 이대로라면 진정한 나를 잃어버릴 것 같습니다.

인간은 집단 속에서 어떤 형태로든 관계를 맺고 살아가게 됩니다. 집단 내에서 밖으로 드러나는 외적 인격이 있습니다. 그러면서 동시에 마음이라고 하는 내적 인격이 있습

모든 관계는 나로부터 시작된다

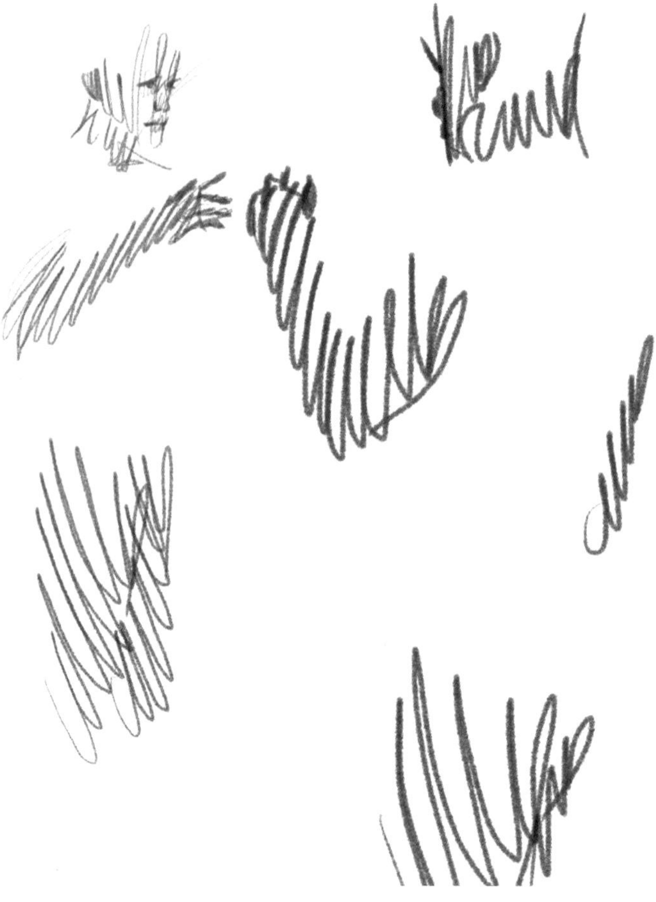

니다. 카를 융Carl Gustav Jung은 외적 인격을 고대 그리스의 연극에서 배우들이 쓰던 가면을 의미하는 페르소나persona라고 일컬었습니다.

페르소나는 집단정신의 난면입니다. 집단정신의 다양한 특성 중에 무엇을 받아들이느냐에는 개인적인 특성이 반영되지만 결국 그 역시 집단정신의 일부입니다. 내 모습이라고 생각하는 것을 살펴보면, 부모의 생각, 친구의 생각, 사회에서 요구하는 생각이 반영된 모습인 경우가 많습니다. 원래 내 것이 아니었음에도 내 마음에 대한 성찰이 없으면 점점 페르소나에 동일시되고, 내가 누구인지 혼란스러울 수 있습니다. 집단에서 요구하는 역할을 충실히 수행하고 있으나, 정작 내가 원하는 건 무엇인지 모르는 상태가 되는 것입니다. 내 마음을 소홀히 하다 보면 요구되는 역할에 대한 가면이 점점 주가 되며 나 자신과 동일시됩니다. 어느새 나는 없고, 다른 사람이 원하는 나만 남게 되죠. 역할을 수행하는 데에 지쳐버리고, 우울감을 느끼기도 하고, 허무함에 빠지기도 합니다.

그래서인지 페르소나 자체를 회의적으로 받아들이는 사람들이 많습니다. 사회생활을 하고 타인과 교류할 때 쓰는 가면은 가짜라고 생각하고, 진정한 자기 모습만 의미 있다고

모든 관계는 나로부터 시작된다

생각합니다. 시간이 지나며 더 많은 사람과 관계를 맺어감에 따라 페르소나의 종류도 점점 많아지는데, 그럴수록 자기 자신과 세상을 속이는 것 같은 불편한 감정도 더해갑니다.

그래서 페르소나는 없어져야 하냐고 묻는다면, 그렇지는 않습니다. 집단에서 요구하는 역할을 이해하고 잘 수행하는 것은 사회에 잘 적응하고 관계를 잘 이어나가기 위한 요건이기도 합니다. 융은 "페르소나는 현대생활의 여러 가지 사건에 대처하기 위해서 유용하며, 필수적"이라고 말하기도 했습니다.

이때 잊지 말아야 할 점은 주체가 나여야 한다는 것입니다. 가면을 내가 직접 써야지, 누군가 씌워주는 가면을 뿌리치지도 벗지도 못해서는 안 됩니다. 집단에서 나에게 요구하는 역할이 무엇인지 직접 판단하여 목적에 맞게 가면을 쓰고, 적절한 시점에 가면을 벗을 수도 있어야 합니다. 쉴 때만큼은 그 누군가를 따라서가 아니라 온전히 내 모습을 내보일 수도 있어야 합니다. 사회화로부터의 일종의 퇴행을 직접 안전하게 할 수도 있어야죠.

L이 자신에게 주어진 책무에 최선을 다하고자 노력하는 것 자체는 문제가 아닙니다. 사람에게 있어 가장 경계해야할 것은 정체입니다. '사물이 발전하거나 나아가지 못하고

한자리에 머물러 그치는 것' 말입니다. 시간은 흘러가는데, 우리만 지금 이곳에 계속 남아 있을 수는 없습니다. 우리 마음이 굴러가는 대로 내버려 둔다면 현상 유지가 최선입니다. 그보다는 내가 되고 싶은 나의 모습에 대한 그림이 존재하는 것이 건강합니다.

하지만 학교가 아닌 곳에서까지 요구받은 정체성을 충실히 따를 필요는 없습니다. 나는 가면 그 자체가 아니라, 어떠한 가면을 쓸지 선택할 수 있는 사람입니다. 애인과 친구들 앞에서까지 모든 걸 다 책임지고 이끌려 하지 않아도 됩니다. 집에서는 평소대로 투정을 부려도 괜찮습니다. 실적에 대한 압박도 어느 정도는 충족하려고 노력하는 것이 좋겠지만, 그것이 자신이 추구해야 할 전부는 아니라는 사실을 인지해야 합니다. 여러 사람이 바라는 다양한 정답 중 하나에 나를 끼워 맞추려다 보면 혼란스러울 수 있습니다. 그보다는 다양성을 나의 일부로 받아들여야 합니다. 진짜 내가 누군지 모르겠다는 기분이 들어 혼란스럽다면, 다양한 페르소나 중 하나를 선택하는 것이 아니라 스스로의 적응력과 통제력을 점검할 필요가 있습니다.

난, 그래 확실히 지금이 좋아요

모든 관계는 나로부터 시작된다

아냐, 아냐 사실은 때려 치고 싶어요

아 알겠어요 난 사랑이 하고 싶어

아니 돈이나 많이 벌래

맞혀봐

(…)

어느 쪽이게?

사실은 나도 몰라

애초에 나는 단 한 줄의

거짓말도 쓴 적이 없거든

- 아이유, 〈스물셋〉

싱어송라이터 아이유는 〈스물셋〉에 자전적인 이야기를 풀어놓았습니다. 화자는 계속해서 상반되는 두 가지 선택지를 제시합니다. '지금이 좋다', '때려치고 싶다'. '사랑이 하고 싶다', '돈이나 많이 벌고 싶다'. 이 중 어느 쪽이 진실일까요? 단 한 줄의 거짓말도 쓴 적이 없다는 화자의 고백처럼, 모두가 진실입니다. 생각보다 많은 가치가 양자택일의 문제가 아니며, 아주 상반된 욕망조차 충분히 공존할 수 있습니다.

> 나는 누구인가 평생 물어온 질문
> 아마 평생 정답은 찾지 못할 그 질문
> 나란 놈을 고작 말 몇 개로 답할 수 있었다면
> 신께서 그 수많은 아름다움을 다 만드시진 않았겠지
>
> (…)
>
> 내가 되고 싶은 나, 사람들이 원하는 나
> 니가 사랑하는 나, 또 내가 빚어내는 나
> 웃고 있는 나, 가끔은 울고 있는 나
> 지금도 매분 매순간 살아 숨쉬는
> Persona

> — 방탄소년단, 〈Intro : Persona〉

아이돌그룹 방탄소년단의 리더 RM은 수많은 사회적 가면 사이에서 느끼는 혼란을 가사에 녹여냈습니다. 팬들로 가득한 콘서트장에서 벗어나 혼자 호텔 방에 누워 있을 때, 그

한없는 괴리에 쓸쓸함을 느끼기도 하지 않았을까요. 하지만 결국 그는 혼란을 극복한 것처럼 보입니다. 팬들에게 사랑받는 아이돌, 평범한 20대 청년, 누군가의 아들 혹은 친구 등 수많은 페르소나 중 단 하나를 선택하는 것이 아니라, 그 모든 것을 끌어안음으로써 말입니다.

이상의 〈거울〉과 아이유의 〈스물셋〉, 방탄소년단의 〈Intro: Persona〉의 공통점은 자아에 대해 이야기한다는 것 외에도 모두 20대 초중반의 젊은 나이에 쓰였다는 것입니다. 자아에 대해 고민하는 것은 시대를 막론하고 모든 젊은 이의 숙명일지도 모르겠습니다. 내가 어떠한 사람일지 자각하지 못하고 살아가는 것보다, 나에 대해 치열히 고민하고 나의 상을 완성해 가는 것은 분명히 의미 있는 일입니다.

인간은 거울을 통해서만 스스로의 모습을 볼 수 있습니다. 하지만 거울 속에 비친 형상은 나의 입체적인 모습 중 한 면이지, 곧 나 자신은 아닙니다. 몸을 움직여 어떠한 모습을 비춰볼지 결정하는 것은 여러분이라는 사실을 잊지 않길 바랍니다.

낭만적 연애와
그 후의
일상

가장 마지막으로 사랑에 빠졌던 순간이 언제인가요? 아마 비교적 최근의 경험을 되새기는 분도 있을 것이고, 기억을 더듬어 보는 분도 있을 것 같습니다. 따스한 사랑의 감정이 우리를 둘러싸는 것은 매우 황홀한 경험입니다. 세상이 아름답게 느껴지고, 무엇이든 해나갈 수 있을 것 같은 용기가 생기기도 합니다.

하지만 야속하게도 이 세상에 영원한 것은 없습니다. 제아무리 찬란하고 황홀했다고 할지라도 처음과 같은 감정이 이어질 수는 없어요. 초반의 불타는 열정이 사라진 관계는 뜨뜻미지근하게 느껴지고, 사뭇 달라진 온도에 쓸쓸해지기도 합니다. 서로 전부 다 이해해 줄 수 있을 것 같은 시기를 지나 사소한 일로도 다투고 갈등을 빚는 시기에 접어들면 생각이 많아집니다. 예전에는 재미있기만 했던 상대방의 농담이 거슬리고, 처음에는 달라서 재밌다고 생각했던 그의 성격도 점점 더 참을 수가 없어져요. 단순하게는 그와의 관계를 끊어내야 하는지 고민하는 것에서부터, 크게는 사랑 자체에 회의감을 느끼기도 합니다.

늘 처음 같지 않은 사랑 때문에 씁쓸하지만 그럼에도 사랑을 놓을 수 없는 여러분들을 위해, 사랑의 탄생부터 소멸까지 사랑의 생애주기에 대해 이야기해 보고자 합니다.

사랑에 빠지는 일은 고독으로부터의 도피를 가능하게 해 줍니다. 아주 어릴 때는 외롭다는 감정을 느끼지 못합니다. 엄마와 나를 한 몸처럼 인식하기 때문입니다. 욕구라고 해봤자 먹고 자는 것과 같은 생존과 관련된 것밖에 없고, 이는 대부분 엄마가 해결해 줍니다. 어린 시절에 우리는 원하는 것은 다 할 수 있는 한계가 없는 세상에서 살아갑니다. 하지만 아이는 점점 성장하며 내가 누군가의 일부가 아니라는 사실을 인지합니다. 나 자신이라는 사람의 한계를 실감하고 경계가 만들어지며 고독과 외로움을 느끼게 됩니다.

그런데 사랑에 빠지는 것은 내가 독립하며 일부러 만들어

놓은 경계를 없애버리고 다른 사람의 자아와 결합하는 일입니다. 이 사람이라면 내 전부를 내주고 싶고, 또 그가 내 전부를 받아줄 것이라 기대합니다. 고독과 외로움은 독립적인 인간으로 성장했다는 징표이기도 하지만, 그럼에도 힘들게 느껴지는 건 어쩔 수 없습니다. 대부분의 사람들이 내가 성장하면서 잘 만들어온 튼튼한 경계를 무너뜨리고 모든 행동이 허용될 것 같은 관계를 경험하기를 원합니다. 어쩌면 이는 어렸을 때 엄마로부터 느꼈던 감정을 다시 경험하기를 원하는 심리로 볼 수도 있습니다.

누구나 사랑에 빠진 직후에는 막연하게나마 상대가 나를 온전히 이해해 줄 것 같다고 생각합니다. 이러한 기대는 초반에는 어느 정도 충족되지만, 시간이 지날수록 상대가 나의 전부를 받아들여 줄 수는 없다는 사실을 깨우치게 됩니다. 처음부터 상대에게 무조건적인 이해를 기대하지 않는 사람이 있다면 반복되는 실패 끝에 이것이 애초에 불가능한 과제라는 사실을 깨우쳤기 때문일 것입니다. 하지만 누구나 결국엔 실패를 경험한다는 점에선 비슷한 과정을 거칩니다.

사랑의 경과는 아이의 성장과 비슷합니다. 아이가 성장하며 좌절을 경험하고 한계를 느끼는 것처럼, 둘의 하나 된 관계도 시간이 지나며 갈등을 경험하고 한계를 느낍니다. 그리

모든 관계는 나로부터 시작된다

고 이때가 바로 관계를 유지하기 위해 노력이 필요해지는 시점입니다. 사랑에 빠지는 데에는 노력이 필요하지 않습니다. 자아 경계가 무너지는 일은 나도 모르는 사이에 일어나기 때문입니다. 하지만 사랑을 유지하는 것은 자아를 확장해 나가는 일이기에 노력이 필요합니다.

독일을 대표하는 철학자 프리드리히 니체Friedrich Nietzsche는 "인간을 고귀하게 하는 것은 감정의 강도가 아니라 그것의 지속이다"라고 이야기한 바 있습니다. 스스로를 고귀한 존재로 만들기 위해 우리는 어떠한 노력을 할 수 있을까요? 그것은 나를 위한 노력보다는 상대방을 위한 노력이 되어야 합니다. 사랑을 지속하려 노력하는 이들에게, 강은교 시인의 〈사랑법〉을 소개합니다.

> 떠나고 싶은 자
> 떠나게 하고
> 잠들고 싶은 자
> 잠들게 하고
> 그러고도 남는 시간은
> 침묵할 것

또는 꽃에 대하여
또는 하늘에 대하여
또는 무덤에 대하여

서둘지 말 것
침묵할 것

그대 살 속의
오래전에 굳은 날개와
흐르지 않는 강물과
누워 있는 누워 있는 구름,
결코 잠깨지 않는 별을

쉽게 꿈꾸지 말고
쉽게 흐르지 말고
쉽게 꽃피지 말고
그러므로

실눈으로 볼 것
떠나고 싶은 자

모든 관계는 나로부터 시작된다

홀로 떠나는 모습을
잠들고 싶은 자
홀로 잠드는 모습을

가장 큰 하늘은 언제나
그대 등 뒤에 있다

- 강은교, 〈사랑법〉

'받은 만큼 되돌려준다'라는 말이 있습니다. 관계에서도 가성비를 따지는 분위기가 만연해지며, '주었으니 받아야 한다'고 생각하기도 하고요. 하지만 적어도 관계가 계속해서 이어지기를 원한다면, '상대방이 받을 수 있는 만큼 준다'는 태도가 필요하다고 생각합니다. 사랑을 할 때는 마음이 너무 앞서다 보니 상대방을 위한다고 했던 일이 사실상 자기만족을 위한 일인 경우가 많습니다. 상대방의 의사는 고려하지 않은 채 무작정 자신의 마음을 표현하고, 상대방이 기대와는 다른 반응을 보이면 "왜 내 마음을 몰라주냐"고 서운해하는 거죠. 이는 건강한 사랑의 방법이라고 볼 수 없습니다. 내 마음만 생각하면서, 내게 좋은 느낌만 우선하면서 사랑을 주는 게 아니라 상대의 감정을 배려하고 생각을 표현하면서 사랑을 전하려는 태도를 가져야 합니다.

사랑에 빠진다는 것은 어쩌면 나 자신이 주가 되는 일일 수 있지만, 사랑을 유지하는 것은 상대방을 생각하는 일입니다. 여러분은 사랑에 빠지는 순간에만 머무르고 싶나요, 아니면 자신에게 그토록 소중한 감정을 선물해 준 상대와 더 오래 걷고 싶나요?

상대방의 모든 것이 좋아 보이는 연애 초기 단계가 지나면, 상대방의 결점이 보이기 시작하는 순간이 옵니다. 일명 콩깍지가 벗겨졌다고 하죠. 여기서 관계는 큰 위기에 봉착합니다. 관계를 맺은 지 얼마 되지 않아 서로에 대해 잘 알지 못할 때에는 결점을 감추기도 또 외면하기도 쉽습니다. 하지만 관계가 깊어지면 애써 덮어두었던 그의 단점을 마주할 수밖에 없게 되죠. 그래서 사실 상대의 단점이 보인다는 것은 그와 그만큼 가까워졌다는 이야기이기도 합니다.

최근에 상담을 하러 오신 분도 연인과의 관계에 불만이 많았습니다.

"요즘 너무 힘들어서 애인한테 의지하고 싶은데, 의지할 수 있는 사람이 아닌 것 같아요. 이렇게 철이 없고 어린 사람인 줄 알았으면 만나지 않았을 거예요."

　　　　모든 관계는 나로부터 시작된다

쓸쓸한 표정의 그에게, 그렇다면 왜 그 사람과 연인이 되기로 결심했는지를 물었습니다. "제 말을 잘 들어주고, 무조건 저한테 맞춰주거든요. 어떤 상황에서도 저를 우선시해 주는 게 참 좋았어요. 배려심이 많고 저를 존중해 준다고 느꼈죠."

속속들이 보이기 시작하는 연인의 단점을 참을 수 없는 이들에게, 제가 늘 드리는 말이 있습니다. 내가 불편함을 느끼는 바로 그 부분이 내가 좋아하는 부분의 또 다른 면일 수도 있다는 것입니다. 이 경우도 마찬가지입니다. 나에게 무조건 맞춰주는 성향은 어쩌면 리더십을 발휘해 나를 이끌어주는 성향과는 양립할 수 없는 성격의 것이죠.

처음에는 사려 깊고 진중한 그의 성격이 좋았으나, 시간이 지나면 답답하고 지루하게 느껴집니다. 나와 달리 활달한 성격의 그에게 매력을 느꼈으나 점차 관계에 온전히 집중하지 못하는 그에게 불만이 쌓입니다. 그 사람은 그대로인데, 그를 바라보는 나의 관점과 시선이 달라진 것일 수도 있어요. 상대방을 나의 의사에 맞추어 교정하려 하다 보면, 처음에 좋아했던 바로 그 부분마저 사라질 수 있습니다.

물론 상대방에게 기대나 요구를 아예 하지 않을 수는 없습니다. 상대방이 내가 원하는 전부를 충족해 줄 수는 없다는 사실을 여러 번의 경험을 통해 알고 있으면서도, 다시 한 번 기대하고 또 실망하는 것이 사람의 심리죠. 내가 원하는 그대로 해주지 않는 상대방이 야속하게 느껴질 수 있습니다.

꽃 같은 그대,
나무 같은 나를 믿고 길을 나서자.
그대는 꽃이라서 10년이면 10번은 변하겠지만
나는 나무 같아서 그 10년, 내 속에 둥근 나이테로만
남기고 말겠다

타는 가슴이야 내가 알아서 할 테니
길 가는 동안 내가 지치지 않게
그대의 꽃 향기 잃지 않으면 고맙겠다.

— 이수동, 〈동행〉

사랑의 격랑이 한차례 지나가고, 이제는 따뜻한 사랑의 온기를 지속해 나가야 하는 이들에게 들려주고 싶은 시입니다. 시인은 자신이 나무이고 상대방이 꽃이라는 사실을 인정합니다. 그리고 자신은 묵묵하게 가는데 왜 상대방은 변하냐

모든 관계는 나로부터 시작된다

며 불만을 느끼는 대신 상대의 다른 좋은 면을 고맙게 생각합니다.

관계가 깊어지면 서로 맞춰줄 수 없는 부분이 생기고, 싸움이 잦아집니다. 날이 선 말들을 주고받고, 때로는 맞는 말을 했는데 왜 상처를 받느냐며 도리어 상대방에게 책임을 떠넘기기도 하죠. 연인 사이에 상처 주는 말을 많이 하는 사람들이 자주 잊는 건, 맞는 말도 상대에게 상처가 될 수 있다는 사실입니다. 나무 입장에서만 생각하면, 10년 동안 계속해서 모습을 달리하는 꽃이 이해되지 않을 수 있습니다. 하지만 그렇다고 해서 변하지 않을 것을 강요한다면, 꽃의 입장에서는 자신의 본질 자체를 부정당하는 일입니다.

결국 변화는 나만 가능하다는 생각을 가져야 합니다. 상대방에게 다 맞춰주면서도 리더십을 발휘하는 것, 진중하면서도 답답하지 않고 재미있는 사람이 되는 것, 사교적이면서도 연인에게 집중하는 것. 어쩌면 양립할 수 없는 것을 양립하게 만드는 것도 사랑의 힘일 수 있습니다. 그렇지만 이런 변화도 나만이 가능한 것입니다.

반대로 상대가 나에게 적정한 수준 이상으로 다 맞춰주길 요구한다면, 그것은 건강한 관계가 아니라는 사실을 깨달아야 합니다. 앞서 사랑에 빠진다는 것은 자아경계의 일부를 무너뜨리며 내 전부를 받아줄 것 같은 환상을 일으키는 일이라고 했습니다. 사실 이는 무조건 안정감을 주는 일만은 아닙니다. 상대방과 지나치게 가까워지는 것 같을 때, 대부분의 사람들은 붕괴에 대한 불안을 느낍니다. 상대방에게 잠식되거나 잡아먹혀 그가 나를 좌지우지하게 될까 봐 두려운 것입니다.

이는 지극히 당연한 반응이기도 합니다. 사랑은 몇십 년 동안 잘 만들어 놓은 경계를 무너뜨리고 불안정성에 우리를 노출하는 일이기 때문입니다. 붕괴에 대한 불안은 내가 나임을 지키게 하는 불안이라고도 할 수 있습니다. 한 사람의 경계가 아예 없어져 누가 누구에게 종속되거나 누구의 일부가 되는 것은 바람직한 관계가 아닙니다. 서로를 잃지 않고 같이 가는 관계가 되어야 할 것입니다.

사랑에 빠지는 건 참 쉬운데, 사랑을 유지하는 것은 생각할수록 참 어렵습니다. 그러다 보니 반복되는 실패에 지쳐 더 이상 어떠한 노력도 하고 싶지 않을 수 있습니다. 어차피 내 마음대로 된 적이 없는데, 사랑에 애쓰는 것이 억울하게 느껴집니다.

하지만 그럼에도, 상대방에게 바라지 않고 마음을 쏟는 것은 충분히 그럴 만한 가치가 있는 일입니다. 자아를 확장한다는 것은 결국 성장하는 것으로, 일생의 과제라고 할 수 있습니다. 자아는 나라는 사람의 틀입니다. 몇십 년 동안 나에게 안전하고, 나에게 맞는 방식을 찾아나간 끝에 만들어진 것이죠. 인간이 성장한다는 것은 만들어진 채로 사는 게 아니라, 새로운 경험을 통해 계속해서 내가 원하는 모습으로 만들어나가는 것을 의미합니다. 다른 사람의 자아와 결합할 때, 우리는 상대를 위해 안 해본 것을 하게 됩니다. 자아가 확장할 계기가 없다면 나는 늘 지금 이 모습일 것입니다. 내가 사랑하는 그는 내가 나를 넘어설 수 있는 기회를 주는 고마운 존재입니다.

물론 내가 자아를 확장하려고 노력하는 것을 잘 알아봐주고, 본인도 그렇게 하려는 상대를 만나는 것이 가장 좋겠죠. 하지만 사랑은 무조건 행복하다는 생각은 지양하는 것이 좋습니다. 한 아이가 여러 좌절과 고난을 겪으며 성장하듯, 사랑 또한 넘어지거나 넘어서면서 커가는 것이기 때문입니다. 행복한 순간과 힘든 순간 모두를 감싸 안을 때, 사랑의 생애가 비로소 완성될 것입니다.

여러분의 사랑이 모두 안녕하기를 바라며, 무라카미 하루키의 《잡문집》에 수록된 결혼 축사로 글을 마무리하려고 합니다.

나도 한 번밖에 결혼한 적이 없어서 자세한 것은 잘 모르지만, 결혼이라는 것은 좋을 때는 아주 좋습니다. 별로 좋지 않을 때는 나는 늘 뭔가 딴생각을 떠올리려 합니다. 그렇지만 좋을 때는 아주 좋습니다. 좋은 때가 많기를 기원합니다. 행복하세요.

모든 관계는 나로부터 시작된다

섣불리 기대했다
상처받지
않는 법

"나는 네가 생각하는 그런 사람이 되어줄 수 없어."

영화나 드라마에서 관계에 문제가 생길 때 자주 사용되는 클리셰 같은 표현입니다. 많은 사람들이 상대가 기대를 무너뜨릴 때 관계의 끝을 예감합니다. 애인이 나에게 더 이상 충실하지 않을 때, 친구와 계속 생각이 어긋날 때 더 이상 관계가 이어지지 못하리라는 확신이 들죠. 이런 관계는 자연스럽게 멀어지기도 하고, 심한 경우엔 배신감을 토로하며 파국을 맞이하기도 합니다.

C는 요즘 부쩍 관계에 대한 생각이 많아졌습니다. 동호회

에서 만난 친구 때문입니다. 회사로 인해 타지에 홀로 살게 된 C는 동네 친구도 사귈 겸 배드민턴 모임에 가입했습니다. 그리고 뒤풀이 자리에서 유난히 마음이 맞는 친구 Y를 만나게 되었습니다.

C와 동갑인 그는 C와 마찬가지로 자취를 하며 회사에 다니고 있었습니다. 심지어 고향도 가까웠고, 대학교 전공도 같은 계열이었으며, 여행을 갔던 나라도 많이 겹쳤고 평소에 자주 보는 드라마까지 비슷했습니다.

대학교를 졸업한 이후로는 새로운 사람을 만나기가 쉽지 않는데, 이토록 마음이 맞는 영혼의 단짝을 만났다는 사실에 C는 들떴습니다. 친해지고 싶은 마음에 출근 시간에 맞추어 커피 기프티콘을 보내기도 하고, 맛있어 보이는 음식점을 발견하면 함께 가자고 링크를 보내기도 했습니다.

그런데 어느 순간부터 항상 자기만 먼저 만나자고 하는 것이 서운하게 느껴집니다. 무엇보다 자꾸만 어긋나는 느낌이 듭니다. C가 예전부터 보고 싶었던 영화를 함께 본 어느 주말, 여운에 젖어 있는 C와 달리 Y는 심드렁하게 "나는 주인공 감정이 잘 이해가 되지 않더라"라고 이야기하는 식입니다. 이런 일이 반복되다 보니 어느 순간 상대가 자신을 피하는 것 같습니다. 만나자고 해도 컨디션이 안 좋다거나 다른 일정이 있다고 핑계를 대는 게 느껴집니다. C는 상대의 변심을 받아들이기 어렵습니다. 새로운 사람을 사귀기가 이토록 힘들다니요.

상황은 조금씩 다 다르겠지만, 누구나 C와 비슷한 경험이 있을 것입니다. 타인은 너무 쉽게 내 기대를 저버립니다. 친구들은 놀 때만 나를 찾고 정작 내가 필요로 하는 순간에는 내가 바라는 것만큼 나를 도와주지 않습니다. 나는 애인을 항상 최우선으로 생각했는데 그는 나를 우선적으로 고려해주지 않습니다.

관계에 대한 갈증은 좀처럼 채워지지 않고, 비극은 반복되곤 합니다. 더군다나 이전 관계가 실망스럽게 끝난 경험이 있으면 새로운 관계에 더욱 집착하기 마련입니다. C 또한 소중한 인연이라고 생각했던 사람과 허무하게 멀어진 경험 때문에 새로운 사람을 만날 때 그의 작은 기척도 허투루 넘기지 못하게 됩니다. 무심코 하품을 해도 대화 주제에 흥미가 없는 것 같아 신경이 쓰이고, 메시지 답장이 조금만 늦어도 이대로 연락이 끊기지는 않을까 두려워져요. C는 자신의 진심을 알아주지 않는 세상이 원망스러운 한편으로 관계를 망치지 않기 위해서는 조금 더 상대에게 맞추려는 노력을 해야 하지 않았을까 자책합니다. 하지만 저는 이런 사람들에게 다른 사람을 원망하거나 자책하기에 앞서 관계에 적절한 이름을 붙이라고 권하고 싶습니다.

내가 그의 이름을 불러 주기 전에는
그는 다만
하나의 몸짓에 지나지 않았다.

내가 그의 이름을 불러 주었을 때
그는 나에게로 와서
꽃이 되었다.

내가 그의 이름을 불러 준 것처럼
나의 이 빛깔과 향기에 알맞는
누가 나의 이름을 불러다오.
그에게로 가서 나도
그의 꽃이 되고 싶다.

우리들은 모두
무엇이 되고 싶다.
너는 나에게 나는 너에게

모든 관계는 나로부터 시작된다

잊혀지지 않는 하나의 눈짓이 되고 싶다.

- 김춘수, 〈꽃〉

많은 분들에게 익숙한 시라고 생각합니다. 이 시가 그토록 많은 사랑을 받은 이유는 모든 관계의 기본이 되는 이야기를 다루고 있기 때문일 거예요. 인간은 태어날 때부터 타인에게 불리기 위한 호칭을 부여받습니다. 서로를 알아갈 때에도 이름을 먼저 물어보고, 그다음에는 관계에 이름을 붙입니다. 익명의 타인이 '친구'나 '동료', 혹은 '애인'이 되며 서로에게 특별한 의미를 지닌 사람이 되어가는 것은 축복과도 같은 일입니다.

많은 이들이 의미 있는 이름을 가지는 데에 골몰합니다. 관계의 명부를 가득 채워 필요할 때 찾아 꺼내 쓰고자 합니다. 하지만 그러느라 정작 빛깔과 향기에 알맞게 이름을 지어주어야 한다는 사실은 잊는 경우가 많은 것 같습니다.

많은 관계의 비극이 이름을 잘못 붙이는 데에서 시작합니다. 앞서 언급한 사례에서 C는 상대에게 일방적으로 '영혼의 단짝'이라는 이름을 붙였습니다. 여기에 상대의 의사는 전혀 고려되지 않았어요. 그보다는 타지 생활로 외로웠던 C의 바람이 투영된 이름이라 보는 것이 적절합니다. C에게는 지금 영혼의 단짝이 필요했고, 그 자리에 채워 넣을 사람을 발견한 거죠.

Y의 입장에서는 너무 빠르게 다기오는 C가 부담스러웠을지도 모릅니다. 그 또한 처음에는 오랜만에 마음 맞는 친구를 만나 기쁜 마음이었을 거예요. 하지만 점점 C의 기대에 부응하는 게 버겁게 느껴집니다. 영혼의 단짝이라면 함께 간 음식점의 음식이 입에 맞지 않아도 맛있다고 해야 합니다. 영화에 대해 아쉬운 점을 말했더니 실망하는 C의 표정을, Y도 알아차렸을 테지요.

많은 경우 사람들은 상대에게 맞추어 이름을 지어주는 것이 아니라, 나를 기준으로 해서 이름을 지은 뒤 그것을 상대방에게 강요합니다. '시시콜콜한 일상을 모두 공유하는 애인', '언제나 사려 깊게 내 고민을 들어주는 친구'…. 상대의 의지와 상관없이 특정한 역할을 부여하고, 그것을 따라주지 않는다고 비난하는 것은 지나친 요구일 수 있습니다. 다시 한번 생각해 보세요. 여러분을 실망하게 한 것은 상대방인가요, 아니면 여러분이 상대에게 건 기대인가요?

물론 관계에서 어느 정도 상대에게 맞추는 것은 필요한 일입니다. 하지만 허용 가능한 범위에 있어야 오래 이어질

모든 관계는 나로부터 시작된다

수 있겠죠. 따라서 관계에 알맞은 이름을 붙이는 것은 더 나은 관계로 발전하기 위한 나침반을 마련하는 일입니다.

누군가와 친밀한 사이가 되면 친해졌다는 감각에 빠져 본래의 관계는 뒷전이 되곤 합니다. "우리가 이렇게 친한데 이것도 못해줘?"라며 서운한 감정을 느끼는 것도 이 때문이에요. 물론 서운하다고 느끼는 것은 자연스러운 일이지만, 감정에만 빠져 있으면 아무것도 해결할 수 없습니다. 자신이 서운함을 느끼는 이유를 찾는 게 관계를 이어가는 데에 도움이 될 것입니다. 이럴 때에는 관계에 걸맞은 보편적 기대에 대해 생각해 보세요.

물론 관계에서 절대적인 기준을 마련할 수는 없습니다. 하지만 보편적 기대에 대해 고민해 보면 서로가 관계에 대해 생각하는 괴리를 줄여나갈 수 있을 거예요. 이를테면 C가 아직 서로 모르는 것이 더 많은, 알아가는 단계에 있는 친구에게 학창 시절을 함께 보낸 사이에서 기대할 법한 친밀감을 바랐다면 이는 적절하다고 할 수 없습니다. 오래 알고 지낸 사이라 할지라도 기대의 정도는 상황에 따라 달라져야 합니다. 10년 넘게 알고 지낸 친구가 결혼을 하고 아이를 키우면서 소원해지는 경우가 있습니다. 예전에는 시도 때도 없이 만나 서로의 일상을 나누었는데, 이제는 약속을 잡기도 힘듭니다. 섭섭하다는 생각이 들 수도 있지만, 친구의 달라진 상황을 이해하고 배려하는 것이 십년지기의 우정일 것입니다.

회사에서 크게 실수를 해 속상해힐 때, 직장 동료가 점심시간에 맛있는 음식을 사주며 위로를 해줄 수는 있어요. 하지만 그렇다고 해서 업무 외의 시간에도 그를 붙잡고 계속 하소연을 한다면 상대방은 당황스럽게 느낄지도 모릅니다. 주말에 전화를 했는데 반응이 미적지근하다고 해서 서운함을 느낀다면, 이는 상대방이 처음에 보였던 선의마저 무시하는 행위일 수도 있어요. 보편적인 기대를 생각해 보는 건 상대방에게 제대로 고마움을 느끼기 위해서도 필요한 일입니다.

관계의 이름은 구체적일수록 좋습니다. 모호한 관계는 멀리 나아가기 어렵기 때문입니다. 관계를 유지하고 발전시켜 나가기 위해서는 관계를 잘 들여다보고 구체적으로 이름을 붙일 수 있어야 합니다. 이를테면 호감이 가는 상대에게 '나는 좋아하지만 상대방은 아직 나에게 관심이 없는 관계'라고 제대로 이름을 붙이면, 상대방이 나를 좋아하게 만들기 위해 어떻게 해야 할지 고민해 볼 수 있을 것입니다. 반면 모호하게 서로 호감이 있다는 식으로 생각하면, 불필요한 기대로

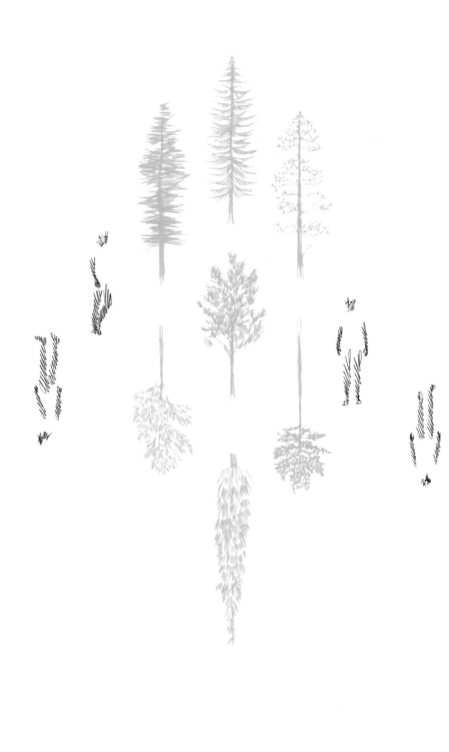

인해 상처받고 상대방에게 부담을 주어 관계가 발전하지 못할 가능성이 큽니다.

상황과 타인의 입장을 모두 고려하여 아주 구체적으로 이름을 붙여보세요. 그다음에 그에 걸맞은 역할을 부여해야 합니다. 꽃이라고 다 같은 꽃이 아니듯, 친구 사이라고 할지라도 여러 이름이 붙을 수 있습니다. 제각기의 꽃에 적합한 환경이 다 다르듯, 타인과 만날 때에도 그의 성향과 상황에 맞추어 관계의 방향을 조절해야 합니다.

가장 위험한 건 내 기대를 충족하지 못한다고 해서 관계 자체가 의미 없다고 생각하는 것입니다. 벚꽃이 아무리 예쁘다고 해도 가을에 피길 기대할 수는 없습니다. 다른 사람과 만날 때 필요한 건 제각기 다른 의미를 존중하는 마음입니다. 한 가지 종류의 꽃만 심어진 것이 아닌, 여러 꽃이 조화를 이루는 정원이 더 아름다울 테니까요.

모든 관계는 나로부터 시작된다

3부

이 세상 모든 곳에 나의 자리가 있다

더 나은 미래를 위해 갖춰야 할 태도들

**일하는 나를 위한
최소한의
예의**

이카루스는 밀랍으로 만든 날개를 달고 하늘을 날다가 태양에 너무 가까이 다가간 나머지 날개가 녹아버려 에게해에 떨어져 죽었다는 그리스신화 속 인물입니다. 더 높은 곳으로 향하는 쾌감이 추락에 대한 두려움을 잊게 했겠죠. 오래전 신화 속 인물이지만 현대에서도 이카루스의 모습을 찾을 수 있습니다. 바로 일에 몰두하다가 에너지를 완전히 소진해 버리는, 이른바 번아웃증후군 burnout syndrome에 괴로워하는 사람들입니다.

'워라밸'이 사회의 주요 어젠다인 것 같지만 한편에서는 일과 삶의 경계도 없이 자신의 모든 것을 쏟아부으며 일하는 사람들이 있습니다. 얼마 전 진료실을 찾아온 H도 좋아하는 디자인 일을 직업으로 삼아 즐겁게 일하던 사람이었죠. 실체가 없는 추상적인 아이디어를 눈에 보이는 결과물로 만들어낸다는 점에 매료되었던 H는 야근이나 주말 출근도 불사하며 맡은 일에 최선을 다했어요. 새로운 것, 더 나은 것을 요구하는 회사의 기대에 부응하기 위해 거의 매 순간 일 생각에 사로잡혀 있었고, 신상품을 만들어야 하는 시즌 준비 기간에는 일상을 포기하고 일에 몰두했습니다. 덕분에 회사에서도 인정을 받았고, 동기들에 비해 승진도 빨랐습니다.

그런데 얼마 전부터 속이 텅 비어버린 것 같고 아무런 의욕도 생기지 않아 고민이라고 했습니다. 스케치를 하려고 앉아도 아무런 아이디어도 떠오르지 않고, 중요한 회의 시간에도 도무지 집중할 수 없습니다. 예전에는 안 그랬는데 꼭 지켜야 하는 일정도 자꾸 깜빡깜빡하게 됐죠. 지난 5년 동안 열심히 일했는데 남은 건 대리라는 직급 하나뿐인 게 아닌가 싶고, 일을 열심히 할수록 인정받기보다는 더 많은 일만 돌아오는 것 같다는 부정적인 생각을 떨쳐버리기 힘듭니다. 잘 지내던 동료와 일상적인 대화도 나누고 싶지 않고 모든 일이 다 피곤하고 지긋지긋하기만 합니다. 쉬고 싶지만 회사를 그만둘 수도 없고 그렇다고 회사가 일을 줄여줄 것 같지

도 않으니, 출근길에 경미한 교통사고나 당해서 입원하면 좋겠다고 말하는 그의 말은 농담이 아닌 것 같았습니다.

이는 비단 H만의 이야기가 아닙니다. 이렇게 매일같이 자신을 하얗게 불태우다 실제로 다 타버려 소진된 상태를 번아웃증후군이라고 합니다. 한 가지 일에 지나치게 몰두하다가 신체적, 정신적 스트레스가 누적되어 무기력증, 불안, 자기혐오, 분노, 의욕 상실 등에 빠지게 되지요. 작은 성냥이든 커다란 장작이든 불에 활활 타오를 때는 뜨겁게 빛을 발하지만, 다 타서 없어지고 나면 한 줌 재밖에 남지 않습니다. 그래서 번아웃증후군을 소진증후군, 연소증후군, 탈진증후군이라고도 부릅니다.

번아웃증후군이 정식 질환명은 아니지만 현대인의 정신 건강을 위협하는 증상이라 세계보건기구WHO는 2019년 제11차 국제 질병 표준분류ICD-11에 '제대로 해결하지 못한 만성적인 직장 업무 스트레스 증후군'으로 정의했습니다. 그리고 그 증상을 '고갈과 피로감', '직장이나 업무와 관련한 거부감', '부정적인 생각의 증가', '냉소주의', '업무 효율의 감소' 등으로 제시했어요. H처럼 일중독에 이른 듯 일상도 없이 너무 열심히 일하던 사람이 서서히 피로감을 호소하면서 무기력해지는 것은 현대인에게 많이 목격되는 증상입니다. 목표와 포부 수준이 지나치게 높고 매사 전력을 다하는 성취욕이 많은 사람에게서 주로 발생하지요.

성과로 평가받을 수밖에 없는 세상에 살다 보니 목표를 향해 나아가다 지치는 이들이 많아지는 긴 어쩔 수 없는 일일지도 모릅니다. 더욱이 자기계발과 자아실현에 여느 때보다 관심이 많은 시기, 굳이 외부의 압박이 없을지라도 스스로 일을 너무 좋아하고 열심히 하다가 한계를 넘어가서 번아웃이 오는 사람들도 많을 것입니다. 그래서 번아웃은 어려운 문제이기도 해요. 좋아하고 잘하고 싶어서 열심히 나아가는 것을 잘못되었다고 할 수는 없으니 말입니다. 미디어에서 열정 넘치게 자신의 길을 향해 가는 사람들은 참 멋져 보입니다. 그럴 땐 쉽게 나가떨어진 자신이 너무 나약하다는 생각이 들기도 합니다.

그래서인지 스스로 번아웃 상태임을 인지하고 진료실을 찾는 분도 물론 있지만, 지친 것도 모르고 무기력증 때문에 업무 효율이 떨어져 고민이라며 찾아오는 분이 꽤 많습니다. H도 그런 경우였어요. 그는 스스로 소진됐다는 가능성은 염두에 두지 못한 채, 갑자기 무기력을 느끼는 자신의 상태에 당황하고 있었습니다.

우선 H의 일상을 살펴보았습니다. 가장 큰 문제는 그가 하루가 아니라 한 달을 기준으로 살고 있다는 것이었습니다. 회사 업무를 중심으로 생활 패턴을 짜다 보니 3주 동안 열심히 달리고 1주를 통으로 쉬는 식으로 생활하고 있었습니다. 계획을 짤 때도 가용시간을 24시간으로 간주했어요. 그에게 자는 시간은 편안한 휴식 시간이 아닌 계획에 방해가 되는, 일을 못 하는 시간일 뿐이었습니다. 16시간 동안 깨어 있고 8시간 동안 수면을 취해서는 원하는 수준을 충족할 수 없으니 자는 시간을 5시간, 4시간으로 줄이기 일쑤였죠.

H의 정도가 조금 심하기는 하지만, 아마 많은 분이 이와 비슷한 경험을 해보았을 것입니다. 창작자들이 밤을 새우며 작품을 완성하는 건 열정의 징표로 여겨져요. 부장님은 나와 같은 직급일 때 승진을 위해 새벽까지 일하고 아침에 출근 했다거나, 주말에도 쉬지 않고 거래처를 돌았다는 등의 무용담을 들려줍니다. 이외에도 퇴근 후에 자격증을 취득하기 위해 공부하거나, 다른 재능을 발전시키기 위해 학원을 세 개씩 다니는 친구들의 모습도 스스로를 몰아세우게 하기 충분합니다. 이런 이야기를 들으면 감히 잠을 8시간이나 자려고 한다거나, 주말에 카페에서 커피 한잔하며 여유를 즐기는 시간은 사치처럼 느껴집니다.

경쟁과 성과 위주의 사회 분위기는 너무 바쁜데도 일을

줄일 생각은커녕 더 해야 하는 것 아닌가 하는 생각을 들게 합니다. 스스로 벅차다고 느끼면서도 해내야 한다는 생각에 자신을 몰아붙이죠. 목표를 이루는 데에만 집착하며 쫓기듯 이를비틀 살다 보면 나도 모르는 사이에 점점 타들어 가다가 재가 되어버릴지 모릅니다. 결국 일도 우리가 행복하려고 하는 것 아닌가요? 일에 과하게 몰두하면 '나'는 사라지고 '일하는 나'만 남기 마련입니다. 어느 한쪽만 가지고는 '있는 그대로의 나'도 '일하는 사람으로서의 나'도 행복해질 수 없어요.

좋아하고 재미있어하던 일인데, 이제는 다 싫고 재미도 없고 더 잘하고 싶은 마음도 없어졌다면 혹시 일하는 나만 남은 것은 아닌지 살펴보는 게 어떨까요? 스스로를 돌아보기에 좋은 시가 있습니다.

잃어버렸습니다.
무얼 어디다 잃었는지 몰라
두 손이 주머니를 더듬어
길에 나아갑니다.

돌과 돌이 끝없이 연달아
길은 돌담을 끼고 갑니다.

이 세상 모든 곳에 나의 자리가 있다

담은 쇠문을 굳게 닫아

길 위에 긴 그림자를 드리우고

길은 아침에서 저녁으로

저녁에서 아침으로 통했습니다.

돌담을 더듬어 눈물짓다

쳐다보면 하늘은 부끄럽게 푸릅니다.

풀 한 포기 없는 이 길을 걷는 것은

담 저쪽에 내가 남아 있는 까닭이고,

내가 사는 것은, 다만,

잃은 것을 찾는 까닭입니다.

– 윤동주, 〈길〉

시인 특유의 감수성과 시에 배어 있는 삶에 대한 고뇌 때문일까요? 문학 시간에 윤동주 시인의 시를 배울 때면 시험 걱정은 잊고 시에 흠뻑 빠졌던 기억이 납니다. 이 시도 마찬가지였어요. 주어진 일들을 열심히 했는데 어느 순간 돌아보면 무언가 잃은 것 같은 느낌이 들 때가 있습니다. 무얼 어디에서 잃었는지 몰라 애꿎은 주머니만 디듬게 되지요. 길게 이어진 돌담 너머에 내가 잃어버린 것이 있을 것 같은데 높은 돌담과 굳게 닫힌 쇠문 때문에 잘 보이지도 않고 어떻게 건너가야 할지도 막막합니다.

우리가 잃어버린 것은 일에 뒷전으로 밀린 일상일지도 모릅니다. 일 때문에 일상을 잃어버리는 위험에 대해 심리학자 미하이 칙센트미하이Mihaly Csikszentmihalyi는 저서 《몰입의 즐거움》에서 이렇게 말했습니다.

직업에 애정을 기울이고 헌신하는 사람이라고 해서 반드시 '일벌레'로 보기는 어렵다. 일벌레는 일에만 미쳐서 다른 목표나 책임은 안중에 없는 사람에게나 어울리는 표현이다. 일벌레는 직무와 관련 있는 도전에만 응하고 일에 관계된 기술만을 배우려 드는 편협성에 빠질 위험이 있다. 그는 일이 아닌 다른 활동에서는 몰입을 경험하지 못한다. 그런 사람은 삶을 풍요롭게 만들 소중한 기회를 제 발로 걷어차고 인생을 초라하게 마감하곤 한다.

이 세상 모든 곳에 나의 자리가 있다

일밖에 모르는 일벌레로 살 것인가 아니면 일상을 풍요롭게 가꿔갈 것인가, 어느 쪽을 선택할지는 온전히 우리 자신의 몫입니다. 그럼에도 불구하고 저는 일상을 풍요롭게 가꿔나가기를 권합니다. 한쪽으로 기울어버린 삶은 어떤 형태로든 문제를 일으키기 때문이죠.

모든 생활이 일을 중심으로 이루어져 있던 H에게 가장 필요한 것은 한 달 단위로 돌아가는 사이클을 하루 단위로 수정하는 것이었어요. 그리고 하루의 가용시간도 잠을 자는 시간을 빼고 최대 16시간으로 조정해야 했죠. 오늘 하루를 잘 마무리해야만 내일을 새로 시작할 힘을 회복할 수 있습니다. 자는 시간도 아껴가면서 일이나 공부에 매달리다 침대에 누워 까무룩 잠이 들고, 얼떨결에 아침을 맞이하면 당연히 소진된다는 생각이 들 수밖에 없습니다. 잠을 제대로 자지 않으면 어제와 오늘, 내일이 뚜렷한 구분 없이 이어져 하루 종일 일만 하는 것 같은 느낌을 줍니다.

잠을 자는 시간을 아까워하지 않아야 하는 생물학적 이유도 있습니다. 우리가 깨어서 활동하는 동안 아데노신이라는 피로물질이 뇌에 쌓이는데, 이 물질은 우리가 잠을 자는 동안 제거된다는 사실이 연구를 통해 밝혀졌습니다. 잠을 자야 피로가 풀리는 이유이지요. 숙면을 취하지 않으면 이 피로물질이 계속해서 뇌에 쌓이고, 이로 인해 스트레스 호르몬인 코르티솔이 분비됩니다.

스트레스 호르몬은 우리 몸의 자율신경계 중 교감신경을 항진시킵니다. 자율신경계는 의지와 상관없이 상황에 반응하는데, 위험에 처하면 활발해지는 교감신경과 안정된 상황에 대응하는 부교감신경으로 이루어져 있습니다. 위험이나 스트레스 상황에 처하면 교감신경이 활성화되어 각성상태를 유지하게 됩니다. 에너지를 공급하기 위해 심박 수가 높아지고 동공이 확대되며, 긴장과 불안, 흥분을 느끼고 땀이 납니다. 그러다 보니 잠을 자지 않으면 가만히 쉰다고 해도 쉽게 편안한 느낌을 갖기 어렵습니다. 교감신경이 계속 항진되어 있는 상태이니까요.

교감신경과 부교감신경은 상황에 따라 오르락내리락하며 서로 균형을 이루어야 하는데, 계속해서 교감신경이 항진되면 밸런스가 무너지고 맙니다. 부교감신경이 기능을 하려 해도 제 기능을 하지 못하는 상태가 되는 것이죠. 심박 수를 낮추고 소화효소분비를 활발하게 만들어 나른하고 편안한 상태를 만드는 부교감신경이 필요한 상황에서도 계속 저하되어 있어 쉬려고 해도 쉴 수가 없고 긴장과 각성상태가 유지됩니다. 이 상태가 지속되면 결국 활성화 상태를 계속 유

이 세상 모든 곳에 나의 자리가 있다

지하던 교감신경도 끝내 소진되어 기능이 저하됩니다. 그렇게 되면 집중하려 해도 집중할 수 없고 힘을 낼 수 없는 번아웃 상태에 이르게 되는 거죠. 무의식적으로 작동하는 자율신경계의 기능이 떨어진 것입니다.

자신이 좋아하는 일을 즐기고 열심히 하는 것은 긍정적인 일이지만 성취에 대한 압박과 더 좋은 것을 뽑아내야 한다는 부담감에 젖 먹던 힘까지 쓰며 자신을 갉아먹는 노력을 할 필요는 없습니다. 우리는 충분히 자고 충분히 쉬어야 제대로 일할 수 있는 몸을 가진 생명체일 뿐이에요. 이것을 정신력의 문제로 치부하는 것은 우리의 몸을 너무 과대평가하는 일입니다.

운전을 이제 막 시작한 초보 운전자들이 자주 하는 실수 중 하나가 연료량을 고려하지 않고 계속 운전하는 것입니다. 자동차가 남은 연료가 얼마 없다고 경고등을 반짝여도 근처에 주유소를 찾지 못해서 혹은 경고등이 켜진 것도 모른 채 운전을 하다가 자동차가 퍼지게 되는 거죠. 인간의 몸도 마찬가지입니다. 자동차에 주행, 주차, 주유라는 세 가지 행위가 필요한 것처럼 인간의 몸도 활동, 수면, 휴식이라는 세 가지 행위가 필요합니다.

보도 블록 틈에 핀 씀바귀꽃 한 포기가 나를 멈추게 한다

어쩌다 서울 하늘을 선회하는 제비 한두 마리가 나를 멈추게 한다

육교 아래 봄볕에 탄 까만 얼굴로 도라지를 다듬는 할머니의 옆모습이 나를 멈추게 한다

굽은 허리로 실업자 아들을 배웅하다 돌아서는 어머니의 뒷모습은 나를 멈추게 한다

나는 언제나 나를 멈추게 한 힘으로 다시 걷는다

– 반칠환, 〈나를 멈추게 하는 것들〉

  우리를 멈추게 하는 이유들이 사소하게 느껴져, 그냥 지나쳐서 계속 걸어야 한다고 생각할 수 있습니다. 때로는 쉼 역시 그렇게 느껴집니다. 하지만 시의 화자가 자신을 멈추게 한 힘으로 다시 걷는다고 말하는 것처럼, 사소한 순간의 멈춤이 우리를 다시 걷게 하는 힘이 되어줄 것입니다. 그래서 우선적

이 세상 모든 곳에 나의 자리가 있다

으로 잠자는 시간은 확보하고 다음으로는 휴식의 시간을 마련해야 합니다. 휴식은 어쩌면 시간을 낭비하는 것같이 보일 수도 있지만, 사실은 그렇지 않습니다. 그보다는 일이나 공부처럼 의무에 따르는 시간과 잠과 같은 생물학적인 욕구를 채우는 시간 외에 나에 대한 적절한 보상을 해주는 시간이죠. 기분이 좋지 않거나 환기가 필요할 때 가끔은 내일 출근이 걱정되어도 좋아하는 책 한 페이지라도 읽고 잔다든지, 공원을 한 바퀴 뛰고 온다든지, 업무에 도움이 하나도 되지 않는 웃긴 동영상을 본다든지 하는 일이 필요합니다. 먹고 싶었던 디저트를 조금 먹어도 좋고 게임을 해도 좋습니다. 사소하지만 기다려지는 시간이 있다는 것은 일상의 존재감을 확인하는 유의미한 멈춤입니다.

일로 에너지의 대부분을 소진하게 되면 일과 나의 구별이 없어지고 일상이 삭제되기 마련입니다. 이런 상황에서 만약 일까지 잘 안 되면 나라는 사람이 제대로 기능하지 못하는 것 같고, 일이 힘들면 내 인생이 힘들게 느껴져요. 일하는 나, 공부하는 나, 열심히 노력하는 나의 등을 밀어줄 수 있는 건 일상을 살아가는 나인데 말입니다. 시간을 많이 소비하지 않더라도 작은 행위 하나를 통해 일이 전부가 아니라 다른 일상이 있다는 걸 인식해야 합니다. 그래야 일도 인생의 일부로 받아들여져서 일에서의 부정적인 느낌이 나 자신이나 인생 전체로 확대되지 않을 수 있습니다.

우리의 삶은 성취나 성과, 생산적인 일만으로는 굴러갈 수 없습니다. 일에 몰두하는 즐거움도 분명 크지만 내 몸이 경고를 보낸다면 몸이 하는 말에 집중할 필요가 있습니다. 몸을 회복시키는 동안 성취나 성과에서 멀어지더라도 어쩔 도리가 없습니다. 자동차에 연료가 없으면 아무리 엑셀을 밟아도 움직이지 못하는 것과 같습니다. 목적지까지 가는 시간이 지체되더라도 연료를 공급하고 엔진이 쉬는 시간을 주어야 해요. 지금은 일이 손에 안 잡히더라도 조급한 마음은 내려놓고, 일에만 몰두하느라 잃어버렸던 담 너머의 나를 찾는 데에 집중해 보세요. 담 너머의 나와 만날 때 다시 한번 일어설 힘을 얻게 될 것입니다.

이 세상 모든 곳에 나의 자리가 있다

실패 앞에서
품위를
잃지 않기를

　　　　　　　　　　자기심리학 창시자이자 정신분석학자인 하인즈 코헛Heinz Kohut은 성장과정에서 아이가 겪는 좌절을 두 가지로 구분합니다. 첫 번째는 아이가 감당할 수 없는 좌절이고, 두 번째는 아이가 감당할 수 있는 좌절입니다. 이 둘은 좌절의 경험이 상처로 남느냐 남지 않느냐로 구분되는데, 감당할 수 있는 좌절이란 비록 좌절이기는 하지만 아이가 견뎌낼 수 있는 한도 내에서 발생해서 상처를 남기지 않는 좌절을 말합니다. 코헛은 이를 최적의 좌절optimal frustration이라 불렀습니다.

　최적의 좌절은 2~4세에 처음 경험하게 되는데, 이 시기

전까지 아이들은 자신을 전능하다고 인식합니다. 눈을 뜨고 있어도 자신을 본 적이 없고, 보이는 건 천장과 부모님의 얼굴 정도입니다. 때문에 자신에 대한 인식도 경계도 없이 나와 환경을 구분하지 못하고, 모든 것이 자기 뜻대로 움직이고 있다고 느낍니다. 배가 고프거나, 춥거나, 기저귀가 축축해지는 등 무언가 불편함이 느껴지면 울음 등으로 이 긴장을 방출하기만 해도 부모가 해결해주어 해소가 된다고 느끼죠. 이 세상이 내 뜻대로 움직인다는 전능감을 느끼는 시기입니다.

그러다 움직이기 시작하고 요구가 좀 더 다양해지며 부모가 즉각적으로 해결해 줄 수 없는 일이 생기면서 유아적 자기애가 깨지는 것을 경험합니다. 모든 것이 내 뜻대로 움직이는 것이 아니라는 사실을 느끼며 건강한 성장을 위한 발판이 마련됩니다. 울거나 떼를 써도 원하는 것을 얻을 수 없고, 동생이나 친구에게 양보를 강요받고, '안 돼'라는 부모의 말에 좌절을 경험하기도 하면서 아이는 자연스럽게 자신이 전능한 존재가 아니라는 사실을 받아들이게 됩니다.

만약 부모가 아이를 사랑하는 마음에 조금의 좌절도 허용하지 않고 과잉보호하면 아이는 오히려 큰 좌절을 한 번에 겪게 될 수 있습니다. 더 이상 보호받아야 할 대상이 아니게

이 세상 모든 곳에 나의 자리가 있다

된 때에도 자기중심적인 태도를 보이며 유아기의 전능감을 유지하려는 사람을 사회는 받아주지 않으니까요. 친구도, 선생님도, 연인도 어릴 때의 부모처럼 우리를 헌신적으로 보살펴주지 않습니다. 그럴 이유도 없고요. 그래서 유아기에 부모의 울타리 안에서 적당한 보호를 받으면서 최적의 좌절을 경험하는 것이 중요합니다. 이 경험을 통해 내가 어디까지인지 자아의 경계를 건강하게 설정하고, 좌절을 견디는 힘도 키워야 하죠.

나는 어릴 때부터 그랬다
칠칠치 못한 나는 걸핏하면 넘어져
무릎에 딱지를 달고 다녔다.
그 흉물 같은 딱지가 보기 싫어
손톱으로 득득 긁어 떼어 내려고 하면
아버지는 그때마다 말씀하셨다.
딱지를 떼어내지 말아라 그래야 낫는다.
아버지 말씀대로 그대로 놓아두면
까만 고약 같은 딱지가 떨어지고
딱정벌레 날개처럼 하얀 새살이
돋아나 있었다.

지금도 칠칠치 못한 나는
사람에 걸려 넘어지고 부딪히며
마음에 딱지를 달고 다닌다.
그때마다 그 딱지에 아버지 말씀이
얹혀진다.
딱지를 떼지 말아라 딱지가 새살을 키운다.

— 이준관, 〈딱지〉

넘어지고 다치면서 우리는 성장합니다. 생채기가 나면 아프고, 딱지는 거추장스럽지만 넘어지고 다쳤던 기억으로 제대로 걷는 법을 배우게 됩니다. 그러는 동안 상처는 아물고 언제 그랬냐는 듯이 새살이 돋아나죠.

성장을 하며 좌절을 겪고 전능감을 점점 잃게 되는 것은, 한편으로는 나에 대한 경계가 점점 명확해지는 것이기도 합니다. 한계에 부딪치고 실패를 마주하면 내가 할 수 있는 것과 할 수 없는 것, 내 것인 것과 아닌 것을 구별할 수 있게 되기 때문입니다. 나라는 사람이 어떤 사람인지, 어디까지 할 수 있는지, 무엇을 할 수 있는지 아는 것은 주체적으로 삶을 이끌어나가는 데에 필수적인 능력이기에 우리는 계속해서

이 세상 모든 곳에 나의 자리가 있다

시도하고 실패하고 새살이 돋기를 기다리고, 또 시도하고 실패하면서 자신의 영역을 확장해 나가야 합니다.

실패와 좌절은 살아가는 동안 끝없이 반복됩니다. 인생의 어느 시점에 다다르더라도 우리는 계속해서 크고 작은 실패를 경험하게 될 것입니다. 저도 한때는 어른이 되고 할 줄 아는 게 더 많아지면 실패하는 일이 적어지리라 생각했지만, 이제는 그렇지 않다는 것을 깨달았습니다. 오히려 최적의 좌절은 어린 시절의 이야기이고, 어른이 되어 경험하는 좌절은 다시 일어설 힘조차 빼앗아가는 큰 실패들인 경우가 많았습니다.

우리가 살아가면서 전능감을 느끼는 시기는 유아기가 전부였을지도 모릅니다. 또래집단과 어울리는 시간이 많아지는 청소년기에 들어서면 부모의 울타리 밖에서 여러 좌절을 경험합니다. 이 시기에 겪는 가장 큰 좌절은 '내가 특별한 존재가 아니다'라는 것을 깨닫는 일일 거예요. 신처럼 전능한 존재는 아니더라도, 남들과 좀 다르다거나 아직 발견되지 못한 재능이 숨어 있을 거라고 생각했는데 주변을 둘러보면 지극한 평범한 존재에 불과하고 어떤 때는 평범한 수준에도 못 미치는 것 같은 생각이 들죠. 그래서 이 시기에는 영화 〈스파이더맨〉처럼 평범한 학생이었던 자신이 어느 날 우연한 기회로 특별한 존재가 된다는 공상을 많이 합니다. 과도 기적인 상황에서 공상으로 소망을 해결하는 것이지요.

성인기에는 자신의 통제 영역을 벗어난 실패를 많이 겪는 시기입니다. 청소년기를 거치면서 '특별한 존재'에 대한 갈망은 줄어들었지만, 이상과 현실의 괴리를 크게 경험하는 시기이죠. 나름대로 실현 가능한 목표라고 생각했는데 뭐라도 될 줄 알았던 내 모습이 보잘것없고 하찮게 느껴지는 일들을 경험하게 됩니다. 붙잡고 있던 재능은 애매한 수준인 것 같고, 남들은 쉽게 성취하는 일을 눈앞에서 자꾸만 놓쳐버리는 것 같습니다. 이때 의연하게 대처하기란 어렵습니다. 객관적으로 현실을 인식하라는 말도 말처럼 쉬운 일이 아닙니다. 젊은 날의 이러한 절망적인 감정은 자우림의 〈이카루스〉라는 노래 가사에서도 잘 드러납니다.

난 내가 스물이 되면 빛나는 태양과 같이
찬란하게 타오르는 줄 알았고
난 나의 젊은 날은 뜨거운 여름과 같이
눈부시게 아름다울 줄 알았어.

— 자우림, 〈이카루스〉

꿈은 좌절되고, 돌파구는 찾지 못해 막막한 상황이 되면 보통 다음의 두 가지 태도를 보입니다. 첫 번째는 자신을 부정하고 SNS나 게임 등에 파고들면서 현실에서 도피하는 것이고, 두 번째는 너무 절망한 나머지 목표했던 길과 너무 다른 길을 선택해서 삶의 만족감을 현저히 떨어뜨리는 자기파괴적인 모습입니다. 어느 쪽이든 꿈을 이루지 못했다는 좌절감에 적절하게 대처한 모습이라고 보기는 힘듭니다.

성인이 되어서는 누구도 우리를 좌절로부터 보호해주지 않습니다. 그래서 어쩌면 어른이 된다는 건 노력해도 안 될 수 있다는 것, 내가 평범한 존재라는 것을 받아들이는 과정이 아닐까 싶어요. 이 가슴 아픈 진실을 받아들일 때 상처는 흉터를 남기지 않고, 좌절도 나를 무너뜨리는 좌절이 아니라 나의 경계를 알려주는 최적의 좌절이 될 수 있을 것입니다.

성인이 된 우리는 스스로 좌절을 최적의 좌절로 바꿀 필요가 있습니다. 이를 위해서 아래 두 가지 고민을 해보려 합니다.

첫 번째, 무엇이 되고 싶은가 만큼이나 어떤 사람이 되고 싶은가를 고민하는 것입니다. 예를 들면 의사가 되고 싶다는 목표와 함께 사람들을 치유하는 사람이 되고 싶다는 목표를 세우는 것이지요. 그렇다면 설령 의사가 되지 못하더라도 의사가 아닌 다른 모습으로 사람들을 치유하는 방법을 찾아낼 수 있을 것입니다. 목표를 이루기 위해서 한 선택지로 달려가야겠지만, 첫 번째 목표가 좌절된다고 해서 그동안의 노력과 삶의 의미가 전부 없어지는 것은 아닙니다. 이떠한 사람이 되고 싶은가에 따라 또 다른 목표를 세워볼 수 있습니다.

첫 번째 목표를 위해 해볼 만큼 다 했는데도 운이나 능력 때문에 안 될 수도 있습니다. 계속 붙잡고 있어야 하는지, 이제 그만 놓아주어야 할지는 그 누구도 대신 생각해 줄 수 없어 힘듭니다. 지금 목표가 있다면 그다음을 생각해보세요. 그 무엇이 되어 어떤 일을 하는 사람이 되고 싶은 것인지를 말입니다. 이 꿈이 우리를 좌절로부터 좀 더 유연하게 해줄 것이라 생각합니다.

두 번째, 출발점과 목표 지점을 잘못 설정한 것은 아닌지 점검해 보는 것입니다. 인생에는 자신의 위치를 알게 되는 순간이 있는데 대표적인 순간이 대학 입시, 취업 그리고 결혼 적령기라 불리는 시기입니다. 좋은 학교, 번듯한 회사, 완벽한 결혼을 인생의 목표로 생각하고 달려왔는데, 현실은 기대와 다를 수 있습니다. 이럴 때는 부족한 나를 탓하는 대신 시작점과 목표 지점에 대해 생각해 보는 것이 도움이 됩니다. 지금 서 있는 이곳이 목표 지점이 아니라 또 다른 시작

이 세상 모든 곳에 나의 자리가 있다

지점일 수 있기 때문입니다. 이를테면 '번듯한 회사'는 골인 지점이 아니라 또 다른 시작 지점일 수 있습니다. 남들이 모두 선망하는 대기업에 들어간다 할지라도 입사가 끝이 아니라 그 안에서 살아남기 위해 새로운 달리기가 또 시작됩니다. 기대에 미치지 못하는 회사에 입사한다 해도 그 회사에서 평생 근무해야 하는 것은 아니죠. 지금의 위치가 영원토록 계속되는 것은 아닙니다. 회사는 만족스럽지 않더라도 그 안에서 경력 관리를 잘한다면 원하는 회사로 이직할 수 있는 가능성은 있습니다. 물론 말처럼 쉬운 일이 아니란 것은 잘 압니다. 그렇다고 아주 불가능한 일도 아니죠. 현실이 불만족스러울수록 성장을 위해 노력할 수 있는 것이 건강함입니다. 지금의 나를 완성된 상태라고 생각하기보다, 앞으로의 성장과 변화에 대해 생각해 보는 것이 도움이 됩니다.

우리가 환상이나 이상을 꿈꾸는 이유는 그 자체가 너무 좋다기보다는 만족스럽지 않은 현실에서 시선을 돌리기 위함인 경우가 많습니다. 꿈에서 깨기 싫은 것도 꿈이 너무 좋은 게 아니라 현실로 돌아가고 싶지 않기 때문입니다. 결국 해답은 현실에 있습니다. 이상과 꿈의 세계를 축소하는 데 에너지를 쏟는 대신 현실에 집중해서 현실을 만족스럽게 만들어나가야 합니다. 그 과정에서 아프지만 현실적인 목표

수정도 필요하겠죠. 지난 실패와 좌절의 경험을 피하지 않고 돌아보며 내가 지금 어디까지 할 수 있는 사람인지 확인해야, 환상이 아닌 이룰 수 있는 목표를 설정할 수 있습니다. 제기 이상과 현실 사이의 괴리 때문에 고통스러워 병원을 찾아오는 분들과 함께 고민하는 것 또한 자신의 범위를 확인하는 일입니다. 자신이 어디까지 할 수 있는 사람인지 알아야 현실을 만족스럽게 가꿀 수 있거든요. 하고 싶은 것만 생각하면 한 발자국도 못 나가고 괴리만 느낄 뿐입니다.

내를 건너서 숲으로
고개를 넘어서 마을로

어제도 가고 오늘도 갈
나의 길 새로운 길

민들레가 피고 까치가 날고
아가씨가 지나고 바람이 일고

나의 길은 언제나 새로운 길
오늘도…… 내일도……

이 세상 모든 곳에 나의 자리가 있다

실패가 상처로 끝나지 않기 위해서는 걷는 것을 멈추지 않고 내를 건너고 고개를 넘어서 숲으로 마을로 가야 합니다. 물론 내를 건너는 일도, 고개를 넘는 일도 지루하고 고단할 것입니다. 뚜렷한 성과가 보이지 않는 지지부진한 기간을 견디는 것은 누구에게라도 힘든 일이지요. 그래도 그 과정 속에서 민들레가 피고, 바람이 일고 새로운 풍경들을 볼 수 있습니다.

하지만 실패한 그 지점에 앉아 실패에 대해서만 생각한다면 우린 아무 곳으로도 가닿을 수 없습니다. 실패할 리 없는 최소한의 선택만을 하며 자신의 역할을 축소시키는 것 또한 우리가 원하는 모습은 아니죠. 우리가 소망하는 건강한 어른은 내가 볼품없어 보일 수 있다 해도 괜찮다고 여기고, 실패 앞에서 무너지는 것이 아니라 새로운 길로 항로를 수정할 줄 아는 사람일 것입니다.

앞에서 빛나지 않는 청춘의 절망감을 노래했던 자우림의

〈이카루스〉는 2절에서 다시 희망을 이야기합니다. 실패는 당연하고, 때론 아무리 몸부림을 쳐도 아무것도 변하지 않는 상황에 막막하겠지만 그래도 다시 땅을 박차고 달려보자고 말이죠.

> 난 내가 어른이 되면 빛나는 별들과 같이
> 높은 곳에서 반짝이는 줄 알았고
> 난 나의 젊은 날은 뜨거운 열기로 꽉 찬
> 축제와 같이 벅차오를 줄 알았어.
> 아무도 움직이지 않고 가만히 숨을 죽인 채로
> 멍하니 주저앉아 있으면 아무것도 변하지 않아.
> 자, 힘차게 땅을 박차고 달려 보자
> 저 먼 곳까지, 세상 끝까지.
>
> — 자우림, 〈이카루스〉

하인즈 코헛은 정서적으로 성숙한 사람을 '자기의 핵심 자아를 발전시켜서 꿈과 이상을 실현하고자 최선을 다하며 현재의 삶에 충실히 임하는 사람'이라고 말합니다. 자신의 꿈과 이상을 현실적으로 조정하는 능력은 '최적의 좌절'을

이 세상 모든 곳에 나의 자리가 있다

피하지 않고 경험하는 데에서 비롯되며 내면에서 자기 자신을 지킬 수 있는 정서적 든든함이 세워진 사람이 정서적인 발달을 성공적으로 이룬 사람인 것이죠.

그러니 우리 모두 우리가 성장하는 존재이자 성장과정에 있다는 사실을 잊지 말았으면 합니다. 내가 특별하지 않다 하더라도 우리는 계속 살아나가야 하는걸요. 어떤 때는 절망이 너무 크고, 부딪힌 한계가 너무 아프겠지만 앞으로 나아갈 힘을 잃지 않으면 좋겠습니다. 매 순간이 인생의 완성 지점이 아니라 과정 중 하나라는 것을 잊지 않으면서 말이죠.

나를 사랑한다는
착각

"너 왜 이렇게 이기적인 사람이 됐어?"

설렘으로 가득해야 하는 여행지에서의 밤, S는 친구의 말을 떠올리며 뒤척이고 있습니다. 내가 뭘 어쨌다고 이런 이야기를 들어야 하나, 억울한 마음이 듭니다. 무조건 내가 다 맞춰주길 바라는 건가? 나는 내가 원하는 것을 추구할 수 없나? 회의감이 꼬리에 꼬리를 물고 이어집니다.

사건의 발단은 이렇습니다. 새해를 맞이하여 S는 중대한 결심을 했습니다. 바로 나 자신을 사랑하기로 한 것입니다.

* 자기 자신을 사랑하는 것self-love과 나르시시즘narcissism 모두 자기애로 번역되나, 여기에서는 전자의 의미로 사용했습니다.

이 세상 모든 곳에 나의 자리가 있다

지난 한 해는 정말 힘들었습니다. 같은 팀의 직원이 갑작스럽게 장기간 병가를 내는 바람에 그 빈자리를 채우기 위해 과도한 업무를 떠맡아야 했습니다. 팀 상황을 이해하지 못하는 것은 아니어서 차마 업무 조정을 해달라는 말도 못 해 야근을 밥 먹듯이 했고 퇴근 후나 주말에도 밀린 업무를 처리해야 했습니다. 집에 돌아오면 겨우 씻고 바로 침대에 무너지듯 누워 잠만 자느라 빨래와 설거짓거리가 쌓여갔죠. 점점 수척해지는 S에게 팀장은 어깨를 두드리며 "S씨 고생하는 거 알아"라고 말했지만 병가를 낸 직원이 돌아올 때까지 그의 업무는 모두 S의 몫이었습니다.

회사 일이 이렇게 바빴는데도 얼마 안 되는 휴일마저 온전히 스스로를 위해 보냈던 적이 손에 꼽습니다. 어수선한 집도 정리하고 미뤄둔 취미 생활도 하고 싶었지만, 여러 의무와 책임감이 S의 발목을 잡았습니다. 장녀로서 모든 가족 행사에 빠지지 않고 참여했고, 친구들과의 약속도 거절하지 못했습니다. 돌이켜 보면 S는 늘 다른 사람에게 맞춰주는 쪽이었습니다. 주말에 밀린 잠을 보충하는 대신 엄마의 김장을 도왔고 회사 때문에 힘들다는 친구들의 푸념을 들어주었죠. 친구 집에 더 가까운 번화가의 한 카페에서 입에 맞지 않는 디저트를 먹으며 그래도 친구를 배려했다는 사실에 만족하곤 했습니다.

하지만 연말연시를 맞이하며 S는 자신의 삶에 변화가 필요하다는 생각이 들었습니다. 집은 잔뜩 어질러져 있고 거울 속 자신의 얼굴에는 생기가 조금도 없습니다. 새삼 자신을 돌아보며 S는 며칠 전 어느 프로그램에서 본, 무엇보다 나자신을 사랑하는 것이 중요하다는 전문가의 조언을 떠올립니다. S는 불현듯 그동안 스스로에 대한 존중이 너무 부족했다는 사실을 깨우칩니다. 마음을 다잡기 위해 간 서점에서도 '나 자신을 사랑하라'는 메시지가 수없이 눈에 띕니다. 책을 서너 권 사서 돌아오며, S는 자신을 사랑하지 못했던 이전의 삶과 결별하고 자신을 사랑하기로 결심합니다.

S는 바로 퇴사를 감행했습니다. 팀장은 S의 결정을 매우 아쉬워하며 한 달간의 휴직을 제안했지만 S는 더 이상 스스로를 힘들게 하고 싶지 않았습니다. 늘 결정권을 타인에게 넘겨주던 S였지만, 이번에는 퇴사를 기념하여 친구에게 여행을 가자고 제안하고 주도적으로 계획을 세웠습니다.

그리고 오늘은 대망의 여행 첫날이었습니다. 기대했던 대로 신나고 들떠야 정상인데, 홀로 침대에 누운 S의 기분은 우울하기만 합니다. 친구와의 다툼이 끊이지 않았기 때문입니다. 갈등은 여행지를 선정할 때부터 시작됐습니다. 휴가가

이 세상 모든 곳에 나의 자리가 있다

끝나면 회사에 출근해야 하는 친구는 비교적 가까운 거리에 있는 여행지를 제안했지만 S는 멀리 있는 해안 도시를 고집했습니다. 결국 친구는 오랜만에 휴가를 가지게 된 S의 뜻을 따라주었습니다.

하지만 일정이나 숙소를 정하는 데에도 잡음이 끊이지 않았습니다. 친구는 여유 있는 일정을 원했지만 S는 시간을 최대한 알차게 보내고 싶었습니다. S가 고른 유명한 맛집에서 한 시간여를 기다려 밥을 먹고 다음 일정을 위해 얼른 일어나자고 독촉하는 S에게 친구는 화를 터뜨립니다. "너 왜 이렇게 제멋대로야? 이럴 거면 너 혼자 여행하던가."

친구의 기분이 어느 정도는 이해가 되면서도 섭섭한 건 어쩔 수 없습니다. 매번 다른 사람에게 맞춰주다가 이제야 드디어 나를 사랑하기로 했는데 가장 가까운 사람이 알아주지 않으니 서운한 마음이 듭니다. 한편으로는 애써 묻어두었던 불안감이 한꺼번에 몰려와 괴로워집니다. 아무도 내가 나를 사랑하는 걸 바라지 않는 것은 아닐까? 내가 원하는 대로 행동했다가 곁에 있는 사람들이 다 떠나면 어쩌지? 아무 계획 없이 충동적으로 회사를 그만뒀는데 정말 괜찮은 걸까? 나 자신을 사랑하는 일이 정말로 쉽지 않다고 생각하며, S는 잠을 이루지 못합니다.

여러분은 S가 어떻게 보이나요? 자기 자신을 사랑하라는 메시지를 제대로 실천하는 것 같나요? 누군가는 고개를 끄덕일 수도 있고, 누군가는 '저건 아닌데'라며 안타까워할 수도 있을 것 같습니다. 물론 S의 행동에 대해 옳나 그르다 하는 식으로 평가를 내리자는 것은 아닙니다. 다만 S가 나 자신을 사랑하는 일의 의미를 제대로 인지하고 있는지에 대해서는 의문이 듭니다.

종종 '나 자신을 사랑하라self love'를 '나만 사랑한다 narcissism'로 잘못 받아들이는 분들이 있습니다. 요즘은 어딜 가나 자기 자신을 사랑하라는 말을 쉽게 들을 수 있고, 또 모두가 이야기하고 있죠. 이 간단한 메시지가 이렇게나 큰 영향력을 가질 수 있는 것은 역설적이게도 우리가 나 자신을 사랑하는 방법을 제대로 배운 적이 없기 때문인 것 같습니다. 건강한 사랑법도, 제대로 실천하는 본보기도 찾기가 쉽지 않으니 모두가 각자 자리에서 시행착오를 겪는 것이죠.

나를 사랑하는 일은 나라는 존재에 대한 사랑이지 나의 선택에 대한 사랑은 아닙니다. 나라는 존재는 내 모든 생각과 선택, 행동을 합친 결과물입니다. 내가 원하는 나의 모습을 그려두고, 이를 위한 선택을 하는 것이 바람직합니다.

나를 사랑한다는 것은 모든 가치와 행위의 도달점이 아

이 세상 모든 곳에 나의 자리가 있다

니라 시작점입니다. 다시 말해 선택을 앞두고 가장 먼저 나를 사랑해 주는 방향으로 생각하자는 것이지, 내가 한 선택을 무조건 지지하며 합리화하라는 말이 아닙니다. 그러나 많은 경우 나 자신을 사랑한다는 것은 내가 내린 모든 선택을 용인하는 데에 활용되곤 합니다. 나를 위한 선택인지 곰곰이 생각해 본 후 결정을 내려야 하는 것이지, 나를 위한 일이니다 괜찮다는 사고방식은 바람직하지 않습니다.

결국 건강한 자기애의 방법은 나를 위한 선택을 하는 법과 맞닿아 있습니다. 나를 사랑한다는 것은 나의 자유를 가져오는 것과도 같아요. 회사나 친구, 가족, 애인의 기대에 부응하느라 나를 위한 선택을 하지 않는 것도, 늘 즉흥적으로 선택을 내리는 것도 나의 자유를 제대로 누리고 있는 것이라 보기 어렵습니다. 타인이나 상황에 맞추어 선택을 내리기보다, 내가 주체적으로 결정을 내려야 합니다. 그리고 그 선택의 결과를 사랑하는 것이 아니라, 나를 사랑하는 방식을 선택의 기준으로 삼아야겠죠.

이를테면 내일 중요한 시험을 앞두고 있는데, 오늘 날씨가 너무 좋다고 가정해 볼까요? 밖에 나가서 계절을 만끽하는 것과 마지막으로 요점 정리 노트를 훑어보는 것 중 어떤 것이 스스로를 더 사랑하는 방법일까요? 지금 당장 만족스럽고 몸이 편해진다고 해서 그것이 나를 위한 선택이 되는 것은 아닙니다. 모든 자유에는 책임이 따른다는 걸 기억해야 합니다. 선택의 결과를 책임지는 것까지가 건강한 자기애의 방식입니다.

실제로 인본주의 상담의 창시자 칼 로저스Carl Rogers는 인간에 대한 무조건적인 존중과 공감을 중시하지만, 이를 기반으로 '충분히 기능하는 사람'이 되어야 한다고 강조합니다. 충분히 기능하는 사람이란 현재 진행되는 자신의 자아를 완전히 자각하는 사람을 의미합니다. 조금 더 자세하게 설명하자면 현재 자신의 행동에 대해 평가하고 책임지는 능력과 자신의 감각에서 나온 증거에 따라 경험을 평가하는 능력, 그 평가에 대한 새로운 증거가 나오면 바꿀 수 있는 능력 등을 갖춘 사람을 말하죠.

결국 우리는 나 자신을 사랑하는 태도를 기반으로 지금 나의 모습을 객관적으로 바라보고, 사랑하는 나에게 더 나은 현실을 선물해 줘야 하는 것입니다. 예를 들어 성적이 잘 안 나오거나 취업이 잘 안 될 때, 혹은 성과가 좀처럼 나오지 않을 때 '그래도 나는 나를 사랑한다. 그러니까 괜찮다. 다 됐다'라고 생각하는 것은 자기기만이나 문제를 회피하는 일일 수 있어요. 진실되게 내 상황과 마음을 바라보며, 가슴이 아

이 세상 모든 곳에 나의 자리가 있다

프지만 상황을 똑바로 인지하고 내가 원하는 상황으로 이동하기 위해 어떤 선택을 내려야 할지 고민해야 합니다. 낙담해서 자포자기하거나 괜찮다고 자위하는 것이 아니라, 내 선택에 책임지는 한편 나의 가능성을 믿고 스스로를 더 잘 대우해 주어야 합니다.

S의 경우도 마찬가지입니다. 퇴사에 앞서 회사를 계속해서 다니는 것과 그만두는 것 중 어떤 것이 더 나를 존중하는 일일지 고민해 봤다면 결과와 무관하게 그 선택은 존중받아 마땅합니다. 하지만 충동적으로 결정을 내리고 그 후에 '내가 선택한 일이니 지지받아야 마땅해'라고 합리화한다면 후회로 남을지도 모르며, 이러한 감정은 오히려 자신을 긍정적으로 인식하는 데에 방해가 될 수 있습니다.

자신의 의사를 관철하느라 친구의 의사를 존중해 주지 않는 S의 태도 또한 나를 사랑하는 것과 거리가 멉니다. 사회심리학자 에리히 프롬Erich Pinchas Fromm은 《사랑의 기술》에서 자기애에 대해 "이기심과 자기애는 동일한 것이기는커녕 정반대되는 것이다"라고 이야기합니다.

다른 사람만이 아니라 우리 자신도 우리의 감정과 태도의 '대상'이며, 다른 사람과 우리 자신에 대한 태도는 모순되기는커녕, 기본적으로 '결합적'인 것이다. (…) 다른 사람에 대한 사랑과 우리 자신에 대한 사랑은 양자택일적인 것이 아니다. 반대로 자기 자신을 사랑하는 태도는 다른 사람을 사랑할 줄 아는 모든 사람에게서 발견될 것이다. (…) 순수한 사랑은 누군가에 의해 야기된다는 의미에서의 '감정'이 아니라 사랑받는 자의 성장과 행복에 대한 능동적 갈망이며, 이 갈망은 자신의 사랑의 능력에 근원이 있다.

이기적인 사랑은 자기 자신을 엄청나게 사랑하는 것이 아니라 거의 사랑하지 않는다. 사실상 그는 자기 자신을 미워한다.

자기 자신에 대한 애착과 배려의 결여—이것은 그의 생산성의 결여에 대한 한 표현에 지나지 않는다—는 그를 공허하게 만들고 좌절시킨다. 그는 필연적으로 불행하며 생활에서 만족을 얻기 위해 초조해하지만 스스로 이 만족의 달성을 가로막고 있다. 그는 지나칠 정도로 자기 자신을 돌보고 있는 것 같지만 사실은 진정한 자아를 돌보는 데 실패한 것을 은폐하고 보상을 받으려고 노력하고 있을 뿐이며, 이러한 노력은 실패로 끝난다.

에리히 프롬은 중세 독일의 사상가 마이스터 에크하르트 Meister Eckhart의 말을 인용하며 나 자신에 대한 사랑과 타인에 대한 사랑 사이에서 어떻게 균형을 잡을 수 있을지에 대한 해답을 제공합니다.

만일 그대가 그대 자신을 사랑한다면, 그대는 모든 사람을 그대 자신을 사랑하듯 사랑할 것이다. 그대가 그대 자신보다도 다른 사람을 더 사랑하는 한, 그대는 정녕 그대 자신을 사랑하지 못할 것이다. 그러나 그대 자신을 포함해서 모든 사람을 똑같이 사랑한다면, 그대는 그들을 한 인간으로 사랑할 것이고 이 사람은 신인 동시에 인간이다. 따라서 그는 자기 자신을 사랑하면서 마찬가지로 다른 모든 사람도 사랑하는 위대하고 올바른 사람이다.

흔히 하는 말처럼 자신을 사랑하는 사람이 타인도 사랑할 수 있고, 자신을 사랑하지 못하는 사람은 타인도 제대로 사랑할 수 없습니다. 다른 사람만을 위하고 아껴주고 있다면 나 자신을 사랑하는 일에 소홀하고 있지는 않은지 점검해봐야 합니다. 또한 나를 사랑하고, 지키고, 아껴주기 위해 다른 사람을 중요하지 않게 여기거나 무시하고 있다면 자기애를 지나쳐 이기심을 부리고 있는 것은 아닌지 돌아봐야 합니다.

이 두 행위 사이의 줄타기가 어렵게 느껴진다면 나를 위한 선택을 할 때 자신이 아닌 사랑하고 아끼는 누군가의 일이라고 가정하고, 그에게 어떤 말을 해주고 싶은지 내 마음을 들여다보세요. 그 사람은 가족일 수도 있고, 친구나 애인일 수도 있습니다. 혹은 친하지는 않아도 남몰래 짝사랑하는 사람이거나 좋아하는 연예인일 수도 있겠죠. 우리가 그들을 아무리 사랑하고 모든 선택을 지지한다 하더라도, 그가 스스로를 아끼지 않는 선택을 하는 걸 보면서 마음이 괜찮을 수 있을까요? 그를 사랑하는 만큼 더 안타깝게 느껴지고, 더 나은 대안은 없는지 고민하게 될 거예요. 이런 생각을 연습하다 보면 나를 사랑하는 일에 소홀하거나 자기애라는 이름으로 모든 선택을 합리화하는 일은 줄어들게 될 것입니다.

우리가 누군가를 사랑하는 이유는 그 사람이 결코 완벽한 존재여서가 아닙니다. 마찬가지로, 나 자신을 사랑하는 것 또한 내가 언제나 옳은 존재이기 때문은 아닐 것입니다. 그러니 지금의 나를 꾸미기 위해 너무 노력하지 마세요. 우리는 우리 자신을 정당화할 필요가 없습니다. 다만 자신을 사랑하기 때문에 스스로를 위한 선택을 바로 내려야 합니다.

이 세상 모든 곳에 나의 자리가 있다

무조건 남들의 요구에 따르거나 마음이 가는 대로 행동하기보다 어떤 선택이 나를 사랑해 주는 것인지 저울질하여 스스로 바라는 방향으로 나아갈 수 있어야 합니다. 사랑받아 마땅한 여러분을 위한 시를 소개힙니다. 여러분이 하늘을 나는 기러기처럼 어디든 갈 수 있길 바랍니다.

좋은 사람이 되어야만 하는 것은 아니다.
참회하며 무릎을 꿇고 사막을 건너야만 하는 것은 아니다.
다만 우리 육체 안의 연약한 동물이 사랑하는 것을
사랑하게 하면 된다.
너의 절망에 대해 말하라, 그러면 나도 나의 절망을 이야기할 테니.
그러는 동안에도 세상은 계속된다.
그러는 동안에도 태양과 투명한 빗방울은
풍경을 가로질러
대초원과 무성한 나무들,
산과 강 너머를 향한다.
그러는 동안에도 기러기들은 맑고 푸른 하늘을 높이 날며
집으로 돌아간다.
네가 누구든, 얼마나 외롭든,

이 세상 모든 곳에 나의 자리가 있다

세상은 네가 상상하는 그대로 펼쳐지며

기러기들처럼 강하고 들뜬 목소리로

몇 번이나 말한다.

너의 자리는

이 세상 모든 곳에 있다.

－ 메리 올리버, 〈기러기〉

어떤
우울도
영원하지 않다

　　　　　　　이번에 찾아온 우울감에선 언제쯤 자유로워질 수 있을까요? 친구들과 시간을 보낼 때도, 학교에서 수업을 듣거나 직장에서 일을 할 때도, 집에서 혼자 휴식을 취할 때도 늘 우울한 기분이 함께할 때가 있습니다. 최근에 딱히 큰일이 있었던 것도 아닌데 한없이 가라앉는 기분을 주체할 수 없습니다.

　최대한 긍정적으로 생각하려고 노력하지만, 다시금 비관적인 생각이 뇌리를 비집고 들어옵니다. 의욕이 솟구쳤다가도 금세 사그라들고, 낙관적으로 생각했다가도 불안감이 스멀스멀 몰려오고, 사람들과 아무렇지 않게 어울리다가도 금

세 대화의 맥을 잃고 집중하지 못합니다. 하루에도 몇 번씩이나 감정이 오락가락하니 점점 걱정되기 시작합니다. '조울증은 아닐까?', '왜 이렇게 감정 기복이 심해졌지?'.

나의 감정은 내 것인데 어째서 마음대로 조절할 수 없는지 막막하게 느껴집니다. 하지만 가장 괴로운 것은, 지금의 우울한 기분이 영영 사라지지 않으리라는, 나는 계속 이렇게 우울한 사람으로 살 것이라는 불안한 예감입니다.

대부분의 사람은 우울증이라 하면 감정의 고저 없이 밋밋한 기분으로 흥미나 재미를 전혀 느끼지 못하는 사람을 상상합니다. 누구를 만나도 즐거움을 느끼지 못하고, 아무도 만나고 싶어 하지 않고 집에만 있으려는 사람 말이죠. 많이 진행된 우울 단계에서는 감정의 기복 없이 우울감만 지속되지만 경미할 경우 인과관계 없이 순간적으로 우울감이 덮쳐와 감정의 기복을 경험하게 됩니다. 그래서 조울증이 의심된다고 병원을 찾았다가 우울증으로 진단을 받는 경우가 아주 많죠.

지금은 사회적으로 인식이 많이 개선되어 우울증을 하나의 질환으로 인식하고 치료를 받는 분들이 늘었지만 아직 바로잡히지 않은 잘못된 고정관념도 있습니다. 바로 우울증은 '우울한 사람'이 걸리는 병이라 한번 걸리면 치료가 불가능하고 평생 우울증을 안고 살아야 한다는 생각입니다.

하지만 현대 의학에서 우울증을 겪는 사람들이 공통적으로 가지는 생물학적 요인은 밝혀지지 않았으며, 태생적으로 우울한 사람이란 없습니다. 내향석이고 부정적인 정서를 잘 느껴 우울해 보이는 기질을 가진 사람은 있을 수 있지만 기질과 증상이 꼭 인과관계로 연결되는 것도 아니고요. 따라서 우울증은 개인의 잘못이나 약점에 의한 것이 아닙니다. 우울증이 생기는 사람이 따로 있는 게 아니라, 누구에게나 어떤 이유로 생길 수 있습니다.

정신건강의학과에서는 우울증, 즉 우울장애depressive disorder를 우울 에피소드로 이루어진 질환이라고 합니다. 에피소드라는 말이 조금 낯설게 느껴진다면 드라마를 한번 떠올려 보면 어떨까요? 대부분의 드라마는 1화, 2화, 3화 등 여러 화로 이루어져 있잖아요. 이 한 편 한 편을 에피소드라고 이해하시면 됩니다. 에피소드는 시작과 끝이 있다는 것을 의미하기 때문에 우울감을 동반한 전반적인 변화도 한 에피소드로 시작하여 진행되다가 끝을 맞이합니다. 여기서 중요한 점은 끝이 있다는 것입니다. 우울증은 영원히 지속되는 상태가 아닙니다.

평생 우울증을 앓으면서 살아가는 것이 아니라 우울 에피소드를 겪는 시기가 있는 것입니다. 보통 "나 우울증이 있어"라고 말하는데 이보다는 "나는 우울 에피소드를 겪었어"라는 말이 더 정확한 표현입니다. 물론 1화, 2화로 이어지는 에피소드처럼 재발할 수 있는 가능성도 내포하지만 끝이 있기 때문에 빠져나올 수 있습니다. 우울증을 겪었다고 해서 남은 인생을 평생 우울한 사람으로 살아야 한다고 낙담하거나 절망하지 않아도 되는 것이지요.

우울증은 상황에 반응하는 기분으로서의 우울감과는 구별됩니다. 우울감은 그럴 만한 일이 있을 때, 일정 기간 동안 발생합니다. 우울한 기분 때문에 한두 가지의 생활 변화가 따를 수 있지만, 기본적인 일상생활의 기능은 유지할 수 있습니다.

이와 달리 우울증은 거의 하루 종일 우울한 기분과 무력감을 느끼며, 기분이 전반적인 신체기능과 사고과정에도 영향을 미칩니다. 우울한 기분이 지속되는 시간도 예상보다 길어집니다. 수면과 식욕에 변화가 생기고, 전반적인 에너지의 저하로 피곤함, 무기력감, 집중력 감소를 느낍니다. 인지왜곡이 생기며, 나쁜 자극에 훨씬 더 주의를 기울이게 되고, 모호한 상황을 부정적으로 추측하고 예상합니다.

미래에 대한 부정적인 추측은 주로 자책의 방향으로 흘

러가 더 우울하게 만듭니다. 작은 외부 자극에도 내면에서는 거대한 폭풍이 만들어지기 때문에 별것 아닌 일에도 화가 나거나 눈물이 납니다. 괜히 지나간 힘들었던 일이 떠오르고, 앞으로도 힘든 일이 일이닐 깃 같으며, 지금의 내 모습과 상황도 안 좋게 흘러가는 것처럼 느껴집니다. '이렇게 평생 살아야 한다니 너무 힘들다', '남들은 편하게 잘 사는데 나는 왜 이렇게 예민한 걸까? 내가 너무 싫다'와 같은 생각이 듭니다.

또한 당연한 것들이 당연하지 않게 느껴집니다. 밤이 되면 자고, 식사 시간이 되면 밥을 먹고, 할 일이 있으면 하고, 할 일이 없으면 편하게 쉬는, 신경 써본 적도 없는 당연한 그 일상을 제대로 할 수 없다고 느낍니다. 기운을 좀 내보려 해도 이러고 있는 자신이 못나 보입니다. 이미 다 틀렸다고 누군가 속삭이는 듯합니다.

우울증이 에피소드의 형태라고 하지만, 제때 치료하지 않으면 보통 6개월, 길게는 12개월도 지속될 수 있습니다. 가끔은 약간의 기분 저하가 있는 상태가 더 길게 지속됨으로써 이 기간을 지나가는 에피소드로 인식하기란 어렵기도 합니다.

기분이 더 가라앉았다, 혹은 덜 가라앉았다 정도의 차이만 있을 뿐 길고 힘든 시간이 계속되고 있다는 생각이 들 수 있습니다. 우울증을 느끼는 기간에도 일상을 유지하고 에피소드를 벗어난 이후에 겪을 변화를 최소화하기 위해서라도 치료는 반드시 필요합니다.

우울증으로 찾아오시는 분들은 우울감으로 인한 슬픔, 공허함, 불안, 자책감, 불면증 등으로 힘들어하는 경우도 많지만 우울감에서 벗어날 수 없을 것이라는 절망감에 더 힘들어하는 경우가 많습니다. 우울감이 지속되리라는 생각에 큰 절망감에 빠져 있는 분들에게 들려드리고 싶은 시가 있습니다.

큰 슬픔이 삶에 강물처럼 세차게 밀려와
평화가 산산조각 나고
가장 사랑하는 것들을
영원히 볼 수 없도록 쓸어갔다면
매 순간 그대의 가슴에 대고 말하라
'이 또한 지나가리라'

힘든 일들이 멈추지 않아 감사의 노래를 멎게 하고
기도하기도 지쳐갈 때에

이 진실의 말로
당신의 마음에서 슬픔을 사라지게 하고
힘겨운 날들의 무거운 짐을 털어내게 하라
'이 또한 지나가리라'

— 랜터 윌슨 스미스, 〈이 또한 지나가리라〉

많은 이에게 위로를 준 이 시는 제가 우울감에 대해 생각할 때 떠올리는 작품이기도 합니다. 우울감은 당장 내일의 일상을 살아갈 힘을 빼앗을 정도로 강력하지만 영원히 지속되지는 않습니다. 에피소드를 잘 견디고, 적절한 치료를 받는다면 분명 에피소드는 끝이 납니다. 다만 혼자 극복하기 어려운 증상이기 때문에 2주 이상 우울한 기분이 지속되어 우울증이 의심될 때에는 전문가의 도움을 받는 것을 권합니다.

사실 우울한 생각을 중단하는 것은 굉장히 어려운 일입니다. 사람은 가만히 있으면 생각밖에 할 것이 없습니다. 생각을 비우기란 굉장히 어려워서, 명상이라는 적극적인 행동이 필요할 정도입니다. 그래서 생각을 멈추려면 외부 자극을 만들어서 내부에서 올라오는 자극으로부터 주의를 돌려야 합니다.

이 세상 모든 곳에 나의 자리가 있다

인간의 전반적인 컨디션은 신체, 기분, 생각에 의해 결정됩니다. 신체적인 부분은 잠, 식사, 활동 같은 것이고 기분은 순간적인 감정, 전반적인 기분을 말하며 생각은 나의 과거와 현재, 미래에 대한 것을 통칭합니다. 우울감은 이 세 가지 부분에 전부 영향을 미칠 수 있습니다.

처음에는 신체에 영향을 미쳐서 식욕이나 수면 시간, 활동량 등에 변화를 일으킵니다. 더 진행되면 기분에 영향을 주고 그다음에는 생각에도 관여합니다. 이 단계에 이르면 사실상 생각을 조절하는 것은 불가능하다고 봐야 해요. 아무리 긍정적인 생각을 하려 해도 자꾸만 부정적으로 이어지거든요.

그러니 처음으로 돌아가서 신체에 집중해야 합니다. 생각을 멈추거나 줄이는 데에는 몸을 움직이는 것이 가장 효과적이에요. 샤워를 하고 산책을 하는 데에 에너지를 써야 합니다. 기분이나 생각을 조절하려고 애쓰기보다 세수를 하고 창문을 여는 것이 낫습니다. 커피를 마시더라도 집에서보다 카페에 나가서 마시는 편이 좋을 수도 있습니다. 카페에 앉아 있으면 나는 가만히 있더라도 음악이 들리고, 주변에 사람들도 왔다 갔다 하잖아요? 자연스럽게 눈과 귀로 여러 자극들이 들어오게 되죠. 이런 외부 자극들이 생각에 너무 깊게 잠기는 것을 막아줍니다.

같은 원리로 집에 있을 때에도 의식적으로 텔레비전이나 유튜브, 라디오를 틀어놓고 화면을 보거나 소리를 듣는 것이 좋습니다. 창문을 열어서 바깥의 소리나 빛이 늘어오게 하는 것도 중요하고요. 고요히 앉아서 생각에 잠기는 것을 피하기 위해 에너지를 사용하는 겁니다. '20분 산책을 한다', '카페에 다녀온다', '집에서 영화를 한 편 본다'와 같이 외부 자극을 느낄 수 있는 쉬운 계획을 세우고, 하나씩 달성하며 만족감을 느끼는 것이 도움이 됩니다.

우울감이 들 때는 신체적으로 좋은 느낌을 느끼게 하는 데에 초점을 맞춰야 합니다. 충분히 잠을 자고, 건강하게 식사를 하고, 해가 떠 있을 때 활동을 하는 것이죠. 그러다 보면 기분도 생각도 좋은 방향으로 바꿀 수 있습니다. 뭐든 작은 것에서부터 시작하는 것이 좋습니다.

그리고 또 한 가지, '나는 왜 아직도 이러고 있나'와 같은 조급한 마음을 버리는 것도 중요합니다. 우울 에피소드는 비와 같아요. 언젠가 반드시 끝이 납니다. 다만 어떤 때는 한 차례 쏟아붓고 금방 그치는 소나기일 수도 있고, 어떤 때는 기록에 남을 만큼 긴 장마일 수도 있어요. 이 비가 소나기일지 장마일지 우리는 알 수 없습니다. 그러니 혹시 모를 장기

전에 대비하여 마음을 여유롭게 가질 필요가 있습니다.

오래 전에 미국의 전 대통령인 에이브러햄 링컨Abraham Lincoln이 친구의 딸에게 보낸 위로의 편지를 읽은 적이 있습니다. 링컨의 친구가 남북전쟁에서 전사를 하고 말았는데, 소식을 듣고 그의 어린 딸이 깊은 슬픔에 빠져 방에서 나오지도 않고 밥도 먹지 않았다고 합니다. 링컨은 자신도 사랑했던 수많은 사람을 떠나보냈던 경험이 있기에 전쟁 중인데도 불구하고 소녀를 위로하기 위해 편지를 썼다고 합니다. 그중 일부를 소개합니다.

우리가 사는 이 슬픈 세상에서, 슬픔은 모두를 찾아간단다. (…) 이 감정을 완전히 떨쳐내는 것은 불가능한 일일 거야. 그건 시간만이 할 수 있는 일이거든. 시간이 지나면 나아질 것이라는 걸 너는 믿기 힘들겠지. 그렇지 않니? 지금은 받아들이기 어렵겠지만 그건 사실이란다. 반드시 너는 다시 행복해질 거야. 이 분명한 진실을 깨닫는다면 지금의 그 고통스러운 마음이 조금은 나아질 것 같구나.

끝나지 않을 것 같은 장마도 시간이 지나면 그치기 마련입니다. 여러분의 마음에도 먹구름이 지나고 나면 밝은 태양이 뜨는 날이 반드시 올 거예요. 끝이 없는 우울함이라 생각하면 너무 힘이 들 겁니다. 하지만 실제로는 분명 끝이 있는 우울함입니다. 그때까지 '반드시 다시 행복해진다'라는 말을 우산처럼 쥐고 있길 바랍니다.

이 세상 모든 곳에 나의 자리가 있다

우아하게
화를 내는
기술

모든 사람의 머릿속에 감정 제어 본부가 있다는 독특한 상상력에서 출발한 애니메이션 〈인사이드 아웃〉에는 인간의 행동을 결정하는 감정으로 기쁨, 슬픔, 버럭, 까칠, 소심이 등장합니다. 각각의 캐릭터들은 그 감정을 의인화하여 만들어졌는데, 그중 분노를 상징하는 버럭이는 화가 날수록 머리 위에 열이 오르기 시작하고 나중에는 화산이 폭발하듯이 불꽃이 치솟는 설정입니다.

이런 설정이 낯설지 않은 것은 일상에서도 버럭이처럼 화를 폭발하듯이 내는 사람들이 있기 때문입니다. 특히 '분노조절장애'라는 말이 심심치 않게 쓰이면서, 혹시 나도 분노

조절장애가 아닐까 하는 생각에 진료실을 찾는 분들이 꽤 늘었습니다. 본인이 화를 잘 내는 이유가 이 병 때문이라고 생각하는 것이죠. 하지만 분노조절장애는 공식적인 진단명은 이닙니디.

충동조절장애 중 하나로 간헐적폭발장애라는 것이 있습니다. 대인 관계와 직업적 기능에 심한 손상을 얻고 재정적, 법적 문제가 동반될 때 간헐적폭발장애를 진단받을 수 있습니다. 간헐적폭발장애를 겪는 사람들은 사소한 자극에도 부적절한 수준의 심한 화를 낸 후, 금방 화가 소실되며 약간의 만족감을 느끼거나 괴로움에 빠지기도 합니다.

이를테면 조용한 사무실에서 갑자기 주먹으로 책상을 치고, 물건을 던지고, 소리를 지르며 욕을 하는 행위를 수분 동안 지속합니다. 어떠한 전조 증상도 없이 화가 곧바로 표출됩니다. 화를 폭발적으로 표출하지 않는 기간 동안에는 크게 문제가 없습니다. 화가 가라앉으면 정중하게 사과를 하고, 아무렇지 않게 일을 하며 사람들과도 잘 지냅니다. 우울증이나 ADHD, 성격장애로 인해 화를 표출하는 것과는 분명히 다릅니다.

양상을 보며 느끼셨겠지만, 흔히 분노 조절에 어려움을 느낀다고 말하는 행동들은 대부분 간헐적폭발장애에 해당

이 세상 모든 곳에 나의 자리가 있다

하지 않습니다. 스트레스가 많아서, 기분이 좋지 않아서, 혹은 그저 습관적으로 화를 내는 경우로 볼 수 있습니다.

행복한 인생을 살기 위해서는 자신의 감정을 잘 다루는 것이 중요한데, 그중에서도 특히 분노의 감정을 잘 다스려야 외적으로는 주변 사람들과의 관계를 원만하게 할 수 있고 내적으로는 자기 자신을 공격하지 않을 수 있습니다. 화는 기쁨이나 슬픔처럼 모든 사람에게 나타나는 자연스러운 감정이기에 그 자체로는 문제가 되지 않습니다. 다만 잘못된 방식으로 표현하고 다루게 되면 여러 문제 상황을 초래할 수 있습니다.

화를 잘 조절하지 못하는 사람들은 관계에서 어려움을 겪을 수밖에 없습니다. 상대에게 상처를 주어서 소중한 관계를 잃기도 합니다. 특히 가족이나 친구, 연인처럼 가까운 사이의 사람들에게 쉽게 화를 내는 사람들이 있습니다. 과연 이들의 속마음은 무엇일까요? 만약 여러분이 가까운 사람들에게 화를 자주 내는 경향이 있다면 스스로 한번 생각해 보세요. 서운함, 섭섭함, 답답함, 안타까움 등 많은 이유가 있겠죠? 하지만 그 제일 안쪽에는 '그래도 되기 때문에'라는 마음이 있을 것입니다.

그래도 된다는 것은 꼭 부정적인 의미만은 아니고, 이 사람을 내가 얼마나 안전하다고 느끼느냐에 기반한 마음이라고 할 수 있습니다. 인간은 안전하다고 느끼는 만큼만 감정을 표현합니다. 안전하다고 느끼지 않는 사람, 예를 들어 회사 상사에게는 있는 대로 화를 표헌히는 일이 드뭅니다. 화를 내면 부정적인 피드백을 받고 인사 발령에서 피해를 보거나 해고를 당하는 것 같은 확실한 위험이 있기 때문입니다. 그러나 나에게 안정감을 주는 가족이나 친구는 어떤가요? 적어도 별일이 일어나지 않을 것이라는 안정감이 있기 때문에 화를 낼 수 있습니다. 내가 화를 내도 '받아줄 것이다', '이해해 줄 것이다', '나를 떠나지 않을 것이다', '우리 사이가 망가지지 않을 것이다'라는 관계에서 오는 안정감이 담보가 된 것이죠. 그래서 화라는 부정적인 감정을 가감 없이 표현하는 일은 내가 그 관계를 그만큼 안전하다고 느낀다는 의미이기도 합니다.

가족, 친구, 연인 같은 사이는 정서 교류가 원활히 이루어져 잘 만들어진 관계이니만큼 더욱 배려해야 하지만 우리는 때로 소중한 사람에게 더 차갑고 유난스럽게 굴 때가 있습니다. 진짜 화를 불러일으키는 대상에게는 화를 낼 수 없으니 주변 사람들에게 화풀이를 하고 뒤돌아서 자책하곤 하죠. 이렇듯 대상을 제대로 찾지 못한 분노를 엉뚱한 사람에게

이 세상 모든 곳에 나의 자리가 있다

표출한 뒤의 마음을 잘 표현한 시가 있습니다.

왜 나는 조그마한 일에만 분개하는가
저 왕궁 대신에 왕궁의 음탕 대신에
50원짜리 갈비가 기름덩어리만 나왔다고 분개하고
옹졸하게 분개하고 설렁탕집 돼지같은 주인년한테 욕을 하고
옹졸하게 욕을 하고

한번 정정당당하게
붙잡혀간 소설가를 위해서
언론의 자유를 요구하고 월남파병에 반대하는
자유를 이행하지 못하고
30원을 받으러 세번씩 네번씩
찾아오는 야경꾼들만 증오하고 있는가

옹졸한 나의 전통은 유구하고 이제 내 앞에 정서로
가로놓여있다
이를테면 이런 일이 있었다
부산에 포로수용소의 제14야전병원에 있을 때

청모원이 너스들과 스펀지를 만들고 거즈를
개키고 있는 나를 보고 그 포경찰이 되지 않는다고
남자가 뭐 이런 일을 하고 있느냐고 놀린 일이 있었다
너스들 옆에서

지금도 내가 반항하고 있는 것은 이 스펀지 만들기와
거즈 접고 있는 일과 조금도 다름없다
개의 울음소리를 듣고 그 비명에 지고
마리에 피도 안 마른 애놈의 투정에 진다
떨어지는 은행나무잎도 내가 밟고 가는 가시밭

아무래도 나는 비켜서있다 절정 위에는 서있지
않고 암만 해도 조금쯤 옆으로 비켜서있다
그리고 조금쯤 옆에 서있는 것이 조금쯤
비겁한 것이라고 알고 있다!

그러니까 이렇게 옹졸하게 반항한다
이발장이에게
땅 주인에게는 못하고 이발장이에게
구청직원에게는 못하고 동회직원에게도 못하고

야경꾼들에게 20원 때문에 10원 때문에 1원 때문에
우습지 않으냐 1원 때문에

모래야 나는 얼마큼 적으냐
바람아 먼지야 풀아 나는 얼마큼 적으냐
정말 얼마큼 적으냐……

— 김수영, 〈어느날 고궁을 나오면서〉

자신에게 심각한 위해를 가할 수 있는 부패한 왕궁이나 땅 주인에게는 차마 맞서지 못하면서, 음식점 사장이나 이발소 직원에게만 어깃장을 놓는 스스로의 옹졸함과 나약함, 초라한 모습을 솔직하게 고백한 이 시를 읽으면서 제 모습이, 그리고 조그마한 일에 화를 내고 후회하는 사람들의 모습이 떠오릅니다. 연이은 불합격으로 스트레스를 받고 있는 취업 준비생이 결과를 묻는 부모님에게 짜증을 낸다든지, 회사에서 문책을 당한 날 괜히 연인의 행동 하나하나가 거슬려 화를 낸다든지 하는 것은 너무도 흔한 일입니다. 화는 누구에게, 언제, 얼마나 내느냐가 중요합니다. 하나라도 어긋나면 시의 화자처럼 자책감이 들 수도 있고 반복되는 경우 주변 사람들에게 불편한 존재로 인식돼 관계가 망가질 수도 있습니다.

그래서 저는 무엇보다 화를 잘 내는 것이 중요하다고 생각합니다. 화가 나는 것은 건강하고 자연스러운 반응입니다. 무언가에 대처해야 한다는, 상황이 뭔가 잘못되었다는 신호이기도 하고요. 게다가 화가 나는 것은 우리가 쉽게 조절할 수 없는 영역입니다. 자연스럽게 생겨나는 감정이죠. 하지만 화를 '낸다'는 것은 선택의 영역입니다. 우리가 항상 기억해야 하는 점은 '화가 나는 것'과 '화를 내는 것'은 다르다는 것입니다. 그럴 만한 상황에서 화가 나는 것은 자연스러운 일이지만 화를 내는 것은 내가 내린 선택입니다.

우리의 의사와 상관없이 그냥 나오는 말과 행동은 없습니다. 내가 '화를 내자'라고 선택했기 때문에 화를 낸 것이고, 목소리를 크게 내려고 했기 때문에 목소리가 크게 나온 것이고, 분노를 표출하고자 했기에 분노가 담긴 말이 나오는 것입니다. '나도 모르게 화를 내게 됐다'라고 말하는 것은 내 행동에 자책감을 덜 느끼고 싶어서예요. 그러니 '화가 난다'와 '화를 낸다'를 구분하고 화를 효과적으로 이용할 수 있어야 합니다.

화를 잘 내기 위해서는 우선 화를 내는 목적을 생각해 봐

이 세상 모든 곳에 나의 자리가 있다

야 합니다. 화가 나는 즉시 화를 내기 전에, 화가 났다는 걸 알아차리고 어떤 식으로 표현하거나 해소하는 게 나에게 가장 유리할까를 고민해 보는 것이 좋습니다. 화가 100만큼 일어났다고 해서 100만큼 모두 발산해야 하는 것이 아닙니다. 목적에 맞게 필요한 만큼만 화를 표현하는 것이 좋겠지요.

여러분이 화를 내서 얻고자 하는 것은 무엇인가요? 단순히 감정을 표출하고 싶은 것인지, 아니면 무언가 잘못되었으니 상대로 하여금 수정하게 만들고 싶은 것인지 구분해야 합니다. 아마 대부분은 후자일 거예요. 관계에서 싸우고 화를 내는 일은 이런 부분이 마음에 안 드니 조심해 줬으면 좋겠고, 앞으로는 이렇게 해줬으면 좋겠다는 의사 표현을 담고 있습니다. 그런데 마구 화만 낸다면 화를 내는 본래의 목적에서 점차 멀어집니다. 그러면서 서로 공격을 퍼붓고 상한 감정만 남게 되겠죠. 이런 일을 방지하기 위해서는 〈인사이드 아웃〉의 버럭이처럼 바로 폭발하기 전에, 생각을 하는 '틈'을 가지는 것이 좋습니다. 이 생각의 틈을 가지는 동안 내가 어떤 메시지를 상대에게 전달하고 싶은지를 정리하고, 어떻게 해야 잘 전달할 수 있을지 고민하며 적당한 표현을 선택할 수 있게 됩니다.

상대방에게 전달하고자 하는 내용을 생각한다면, 이에 맞취 다양한 대처 방식을 선택할 수 있습니다. 화가 났지만 지금 표현해서 얻을 수 있는 게 없을 것 같다면 적당히 참고 넘어가기도 하고, 직접 말은 하지 않더라도 언짢은 기색을 내비칠 수도 있고, 조금 부드럽게 표현할 수도 있습니다. 때로는 화가 난 감정을 그대로 표출해야 할 경우도 있고요. 화를 내는 방법에 다양한 형태가 있다는 사실을 깨닫는 것이 중요합니다.

다음으로는 적당한 사람에게, 적당한 때에, 적당한 정도의 화를 낼 수 있어야 합니다. 화를 많이 표출해서 관계에 어려움을 겪는 분들도 있지만 화를 너무 표현하지 않아서 어려움을 겪는 분들도 있습니다. 직장 생활을 예로 들어볼까요? 동료가 실수를 반복한다면 무조건 참기보다 알려주는 편이 더 좋겠죠. 이럴 때 "이 일은 이렇게 처리해야 하는 것이다"라고 알려주는 것과 화를 내는 것은 다른 일입니다. 그런데 참는 것이 습관이 된 사람들은 이 둘을 잘 구별하지 못해요. 수정을 요구하면 혹시 내 안의 공격성이 너무 드러나지는 않을까 걱정스러운 나머지 화를 낼지 말지를 선택하는 것이 아니라 화를 억제해 버리는 것이지요. 스스로 화의 정도를 조절하지 못하거나 상대가 공격적으로 받아들일까 봐 모든 상황에서 화를 내지 않기로 결정해 버리는 것입니다.

이 세상 모든 곳에 나의 자리가 있다

하지만 직장, 부모, 연인 등 어떤 관계에서든 해야 할 말은 할 수 있어야 합니다. 화를 내지 않고도 충분히 나의 요구사항을 전달할 수 있어요. 이를 제대로 인지하지 못하면 부모가 되었을 때 훈육을 하지 못하고, 상사가 되었을 때 쓴소리를 하지 못해 또 다른 문제를 유발합니다.

화를 내는 것은 감정의 표출이지만, 요구사항을 전달하는 것은 내용을 중심으로 하는 의사소통의 한 방식입니다. 일반적으로는 혼내거나 쓴소리를 하는 동시에 화를 함께 표출해 둘 사이에 등위가 성립했을 수 있어요. 하지만 주위에서 좋은 부모, 좋은 상사라고 인정받는 사람들을 보면 이 둘을 구분해서 사용합니다. 목적에 맞게 감정은 억제하되, 필요한 부분은 표현할 수 있어야 합니다. 이렇게 원하는 모습으로 화를 표현하고 난 이후에는, 스스로 감정을 잘 통제했다는 만족감도 느낄 수 있습니다.

우리는 자기통제감을 잃을 때 기분이 좋지 않습니다. 욱해서 화를 낸 후, 혹은 해야 할 말을 제대로 하지 못했을 때 후회하는 이유죠. 감정에 압도당하기보다 감정을 잘 통제하고 적절하게 표현하는 편이 감정과 잘 지내는 방법입니다. 베트남 출신의 승려이자 시인인 틱낫한Thich Nhat Hanh 스님은 그의 책 《화》에서 이렇게 이야기합니다. "우리의 마음은 밭이다. 그 안에는 기쁨, 사랑, 즐거움, 희망과 같은 긍정의 씨앗이 있는가 하면 미움, 절망, 좌절, 시기, 두려움 등과 같은 부정의 씨앗이 있다." 이 씨앗들을 어떻게 가꾸고 꽃피우게 할지는 우리 손에 달려 있습니다. 그동안 어쩔 수 없다고 생각했던, 혹은 부정적으로만 생각했던 분노라는 감정에 오늘부터 관심을 가지고, 그것이 건강하게 피어날 수 있도록 가꿔보는 것은 어떨까요?

그는
당신을
미워하지 않는다

많은 이들이 자기 마음대로 되는 것 하나 없는 세상을 살아가기가 힘들다고 이야기합니다. 사회생활은 쉽지 않고 속을 알 수 없는 타인의 행동은 우리를 생각의 늪에 빠져들게 합니다.

최근 A 또한 누구도 자신을 배려해 주지 않는 이 사회에서 살아남는다는 게 참 녹록지 않다는 생각을 했습니다. A는 최근 회식에서 부임한 지 한 달 남짓 된 팀장이 자신보다 나이가 어리다는 사실을 알게 되었습니다. 조금 늦은 나이에 사회생활을 시작한 터라 평소에도 신경을 쓰고 있던 차였습니다. 자신의 나이를 듣고 팀장의 눈동자가 흔들리는 것을 보며 A는 씁쓸해집니다.

문제는 그날부터 팀장이 A에게 더 냉랭해진 것 같다는 점입니다. "결론 부분에 설득력이 너무 부족해요. 매력적인 지점을 모르겠어요." 오래도록 준비한 기획안을 두고, 따뜻한 격려의 말을 건네기보다 비판적인 피드백만 주는 팀장이 원망스럽습니다. 밤을 새워 준비한 프레젠테이션이 끝난 후에는 A의 발표 태도를 지적합니다. "후반부에 집중력이 조금 떨어졌어요. 그리고 앞으로 발표할 때 말끝을 흐리는 버릇은 고치는 게 좋을 것 같아요." A는 나름대로 팀장과 친해지기 위해 자존심도 죽이고 먼저 밥을 먹자고 청하거나 티타임을 갖자고 제안하지만, 그럴 때마다 팀장은 다른 일정이 있다거나 바쁘다는 이유로 거절하기 일쑤입니다. 나이 많은 직원의 기를 죽이려고 더 엄하게 군다는 심증이 확신으로 굳어지며 A의 회사 생활은 점점 더 힘들어집니다.

'팀장이 나를 미워한다'. 한 번 생긴 피해의식은 떨쳐내기 쉽지 않습니다. 부정적인 생각은 확산 속도가 빨라서 우리의 일상을 망쳐버리기도 합니다. 이럴 땐 어떻게 해야 할까요? 상대방을 증오하며 책임을 묻는 것이 답은 아닐 것입니다. 그 전에 지금 원망하는 일이 실제로 존재하는 현실인지, 아니면 내가 만든 마음의 감옥에서 벌어지는 일은 아닌지 생

이 세상 모든 곳에 나의 자리가 있다

각해 볼 필요가 있습니다.

A의 마음속에서 팀장은 자신의 능력에 취해 타인을 함부로 무시하는 나르시시스트이고, 자신은 부당한 대우를 받는 희생자입니다. 가해자와 피해자로 관계를 정의 내리니 자연스럽게 억울한 마음이 들 수밖에 없습니다. 하지만 A는 정말 피해자일까요? A를 피해자로 만든 건 누구인가요?

우리의 생각은 사실이 아닐 수 있습니다. 우리는 실재하는 현실세계를 살아가는 동시에 정신세계 안에서 살아가고 있습니다. 세상을 있는 그대로 본다고 생각하지만, 보통은 특정 현상을 선별하여 보거나 무시하기도 하며, 주관적으로 해석하고 의미를 부여하는 등 뇌에서 처리가 이루어진 이후의 세상을 살고 있기도 합니다. 이를테면 현실세계가 "컵에 물이 반이 있다"라면, 누군가는 "컵에 물이 반이나 있구나"라는 마음속 세상을, 또 다른 이는 "컵에 물이 반밖에 없네"라는 마음속 세상을 살아갑니다. 우리는 모든 상황을 있는 그대로 보기보다 해석을 덧붙여 살아가는 것이기에, 내가 보고 느끼는 현실이 진짜가 아니라 내 생각일 수도 있다는 사실을 인지해야 합니다.

A의 마음이 복잡하게 얽히고설킨 데에 비해 실제로 일어난 사건은 매우 간단합니다. 팀장은 A의 업무에 대한 피드백

을 주었습니다. A는 스스로 업무 능력이 모자라다며 한탄하다가도, 이유 없이 팀장이 자신을 무시한다며 원망을 느끼고 혼란스러워했습니다. 우리가 기억해야 하는 것은 상대방의 마음은 알 수 없다는 사실입니다. 그 누구도 다른 사람의 마음을 꿰뚫어 볼 수 없습니다. 내가 상대의 마음을 읽었다고 느낀 것은 사실 내가 추측한 나의 생각이기에, 이 순간을 조심해야 합니다. 어디까지가 내가 실제로 보고 들은 것인지, 어디부터가 내 마음인지를 인지하고 구별할 수 있는 것이 건강한 마음입니다. 저 사람은 왜 나를 이렇게 대하는 걸까, 이 말의 의미는 무엇이었을까…. 여기서부터는 실제로 일어나는 일이 아니라 내 마음속에서 일어나는 일입니다. "왜 나한테만 그러는 거야?", "말에 뼈가 있었어. 나 찔리라고 그러는 거라니까?"라고 왜인지 불편한 빈 부분을 내 생각으로 채워 넣기도 합니다. 최근 가까운 사람에게 억울함을 느꼈던 경험을 되새겨 보세요. 그리고 가만히 되짚어 보세요. 그것은 실제로 일어난 일이었나요, 아니면 마음속에서 일어난 일이었나요?

우리는 비어 있는 부분을 그대로 내버려 두는 것을 견디지 못하고, 각자의 방식대로 의미를 채워 넣어 이해 가능한 것으로 바꾸려고 합니다. 사람의 뇌는 받아들인 정보에 대해

이 세상 모든 곳에 나의 자리가 있다

논리와 규칙을 찾아내고자 하죠. 애매모호한 걸 그대로 두려 하지 않아, 형체가 모호한 구름을 보면서도 '강아지 형상의 구름이네'라고 나름의 규칙과 연결성을 찾아내려고 합니다.

각자가 자신의 방식대로 빈 부분을 채워 넣어 이야기를 만듭니다. 이를테면 길을 지나가다가 건너편에서 웃음을 짓고 있는 사람을 보게 되었다고 해볼까요? 대수롭지 않게 생각하고 그냥 지나가는 사람도 있을 테지만, '나를 보고 웃었다'고 생각하는 사람도 있을 것입니다.

이렇게 나와 관련된 것으로 의미의 빈 부분을 채워 넣는 것을 관계사고라고 합니다. 관계사고는 타인의 사소한 행동이나 우연히 일어난 사건이 나와 연관되어 있으며, 나에게 어떠한 영향을 주기 위해 일어난다는 비합리적인 생각을 의미합니다. 이 생각이 사실과 다르고, 상황을 고려해도 이해할 수 없으며, 굳게 믿어 행동에 영향을 줄 정도가 되면 관계망상이라고 합니다. 모든 일을 계시처럼 받아들이고, 다른 사람들이 합심하여 자신을 감시하고 있으며 죽이려 한다는 망상에 빠진 인물을 소설이나 영화에서 보았을 것입니다. 건너편의 사람이 왜 웃었는지를 우리는 알 수 없습니다. 갑자기 웃긴 일이 생각나서일 수도 있고, 내 옆에 있는 푸르른 나무를 보고 미소 지었을 수도 있습니다. 하지만 분명 나를 보고 비웃었다며 불확실한 정보를 가지고 나와 관련 있다고 생각하는 것은 관계사고입니다.

빈 부분을 어떠한 의미로 채울 것인지에는 내가 가지고 있는 생각이 반영됩니다. 내 얼굴에 뭐가 붙었을 것이라는 생각에 걱정할 수도 있고, 그 사람이 나를 의식한다고 생각해 괜히 신경이 쓰일 수도 있죠. 이러한 생각들이 심해져 주변에서 일어나는 일이 모두 나와 관련이 있다고 생각한다면 관계사고일 수 있습니다. 그중에서도 '쟤 왜 날 비웃지?'라며 상대방이 나에게 해를 입히려는 의도가 있다고 생각하는 것은 피해사고라고 합니다.

피해사고로 바라보는 데에 익숙한 사람은 주변 사람들이 자신에게 부정적인 의도가 있다고 생각하는 마음속 세상에서 살아갑니다. 이 피해사고는 생각보다 빈번히 일어납니다. 예를 들어 회사 복도에서 동료를 만났을 때, 그가 인사를 안 받고 지나갔다고 해볼까요. 이때 그냥 '인사 안 하고 지나갔네'라고 받아들이는 사람은 거의 없습니다. 대부분은 '나를 아는 체하고 싶지 않나?', '나에게 화가 난 게 아닐까' 걱정하며 더 나아가 '나를 무시한다'고 생각합니다.

팀장이 정말로 나이를 의식해 기를 죽이기 위해 이유 없이 꼬투리를 잡는 것인지, 아니면 나이와 상관없이 건설적인 피드백을 주는 것인지 A로서는 확인할 수 없습니다. 다만 많은 경우 우리의 생각은 억울하고 부정적인 쪽으로 흐르곤 합니다. 그렇기에 다른 사람의 피드백을 있는 그대로 들으려는 연습이 필요합니다. 무엇보다 피드백을 늘 삐딱하게 받아들이면 스스로 발전의 기회를 박탈당하게 될 수 있습니다.

사회생활을 하며 타인과 어울리다 보면 스트레스를 받을 수밖에 없지만, 상대의 의중을 어림짐작해 필요 이상으로 마음고생 하지 말아야 합니다. 우리는 살아가며 우리로서는 도무지 짐작할 수 없는 빈 부분을 많이 마주합니다. 이러한 공백에 의미를 채우는 사고과정은 상대방의 의사와는 무관한 것으로, 내 추측과 해석이 개입한 것입니다.

빈 부분을 채우기 위해 많은 선택지를 마련해 두곤 하지만 유일하게 분명한 사실은 우리는 상대방의 마음을 알 수 없으며, 내가 상대방의 마음을 안다고 생각하는 것은 모두 나의 추측이라는 사실입니다. A가 괴로운 건 실제 일어난 사실 때문이 아니라 그의 추측 때문입니다. 결론을 짓기 전에, 최소한 내 추측이 맞는지 검증하는 기회는 가져야 합니다.

관계사고의 양상이 심해져 관계망상이나 피해망상으로 치달으면 전문가와의 상담이 필요합니다. 하지만 누구나 자아의 경계가 약해져 있으면 왜곡된 인과관계의 늪에 빠지기 쉽습니다. 평소에는 타인의 행동에 의미를 부여하지 않는 사람일지라도, 해외여행을 가면 자신을 쳐다보는 눈빛과 말 한마디에 예민하게 촉수를 세우게 되죠. 멀리서 걸어오는 이름 모를 사람도 나를 무시하는 것 같고, 인종차별을 하는 것은 아닌지 단어 하나하나에 의미를 부여하게 됩니다.

새로운 환경에 놓일 때는 마음이 쉽게 약해지고, 현실을 왜곡하여 인식하는 경향이 있습니다. JTBC 드라마 〈청춘시대〉 첫 화는 우리가 얼마나 쉽게 낯선 타인을 부당하게 평가하는지를 여실히 보여줍니다. 내향적인 성격의 은재는 긴장과 두려움을 안고 셰어하우스에 입성합니다. 제각기 다른 개성을 지닌 사람들이 모여 살아야 하는 셰어하우스에서의 첫날은 설레기보다는 괴롭습니다. '잘 땐 불 끄고 자요', '집에서는 가급적 통화 대신 문자로 해줘요. 벨소리는 진동으로 하고요' 무뚝뚝해 보이는 진명의 딱딱한 메모에 안 그래도 긴장한 은재는 더욱 위축됩니다. 이나는 아무렇지 않게 은재가 있는 화장실에 들어오고, 예은은 공용 공간에서 남자친구와 큰 소리로 통화하고 일방적으로 도서관에서 가방을 맡기는 등 무례하게 행동합니다.

결국 은재는 룸메이트들에게 분노가 폭발합니다. 그렇게 못되게 굴 것까진 없지 않냐고, 자신은 죽을 듯이 힘들다고 울면서 감정을 쏟아냅니다. 은재의 시선에서 다른 룸메이트들은 자신을 무시하고 텃세를 부리는 나쁜 사람들입니다.

하지만 이튿날 몸살에 걸린 은재를 룸메이트들은 밤새 간호하고, 죽을 끓여줍니다. 쓰레기통에서는 진명이 여러 번 지우고 고민한 흔적이 담긴 포스트잇 무더기가 발견됩니다. 서로 허심탄회하게 불편한 점을 이야기하는 자리에서, 은재는 늘 자신만 양보하고 배려한다고 생각했지만 다른 사람들도 자신을 봐주고 있었다는 사실을 깨우칩니다. 예은 또한 은재가 타이핑하는 소리가 크게 들릴 때마다 이어폰을 꼈고, 이나도 은재가 화장실을 오래 쓰는 것을 참아주고 있었습니다. 은재는 생각합니다.

"그러고 보면 나는 다른 사람들이 나와 다르다고 생각했다. 나보다 무례하고, 난폭하고, 무신경할 거라고 생각했다. 나는 오만했다. 나와 같다. 나와 같은 사람이다. 나만큼 불안하고, 나만큼 머뭇대고."

물론 실제로 부당한 대접을 받는 경우도 분명히 있습니다. 해외여행을 할 때 인종차별을 당하는 것을 단순히 피해의식으로 치부할 수 없으며, 이유 없이 텃세를 부리거나 타인을 무시하는 사람도 있습니다. 분명히 존재하는 가해행위에 피해자가 예민하다는 식으로 책임을 전가하는 일은 마땅히 지양해야 합니다. 〈청춘시대〉에서도 룸메이트들에게 잘못이 아예 없다고는 할 수 없습니다. 그들의 소통 방식이 신입생에게는 충분히 차갑고 무례하게 느껴질 여지가 있습니다.

다만 제가 이야기하고자 하는 것은 의도를 짐작할 수 없이 비어 있는 모호한 영역에 대한 것입니다. 어떤 일이 발생했을 때 그에 관여한 수많은 사람들과 그 사람들을 둘러싼 환경의 변수들을 모두 조합하여 매번 객관적이고 타당한 결과를 도출하는 것은 사실상 불가능한 일입니다. 이보다는 '나 왜 이렇게 됐는지 알아'와 같이, 얼핏 합리적으로 보이는 가설을 만들어 이야기를 완성시키는 것이 효율적이죠. 우리는 자신에게 일어나는 일의 인과관계를 모두 파악할 수는 없다는 사실을 망각한 채, 내가 편한 방식대로 세계를 해석하며 안도합니다.

결국 약간의 틈도 허용하지 않고 꽉 채워진 나의 마음속 세상에서 가장 답답해지는 건 자기 자신입니다. 무시당한다는 생각에 억울하고, 화가 나죠. 이러한 화의 방향이 안으로 향하면 내가 부족해서 무시당하고 피해를 입는 게 당연하다는 생각으로 스스로에게 화를 표출하게 됩니다. 반면 화가 밖으로 향한다면 나는 괜찮은데 상대방이 문제가 있다고 판단한 뒤 타인에게 책임을 전가하게 되죠. 정당한 평가마저 받아들이지 못하게 되어 결국 나의 성장을 가로막습니다. 객관적으로 생각하는 것 같지만, 사실은 화의 방향대로 생각에 휩쓸려가는 것입니다.

'저 사람은 이러한 사람이다', '나는 저 사람이 왜 이렇게 행동하는지 안다'라고 단정하는 것은 오만함일 수 있습니다. 우리는 상대방이 어떤 사람이며 나에게 무슨 감정을 갖고 있는지 상대가 말해주기 전까지 알 수 없습니다. 어디까지가 상대가 내게 보여준 실제이고, 어디부터가 내 생각인지를 의식적으로 구분하는 것이 상대에 대한 존중입니다. 내가 겪은 과거의 경험에 기반한 추측의 과정에 너무 힘 빼지 않으면 좋겠습니다.

관계를 맺고 사회생활을 하는 건 힘든 일입니다. 저 사람은 도대체 왜 저렇게 행동하는지, 상황이 왜 이렇게 돌아가는지 모르겠습니다. 하지만 우리를 진짜 무력하게 하는 것은 모르겠다는 상태가 아니라, 알 수 없는 부분을 내 경험과 감정에 편향된 추측으로 채워 넣는 일입니다.

수천수만 번의 벼락도
나를 멍들게 할 수 없다

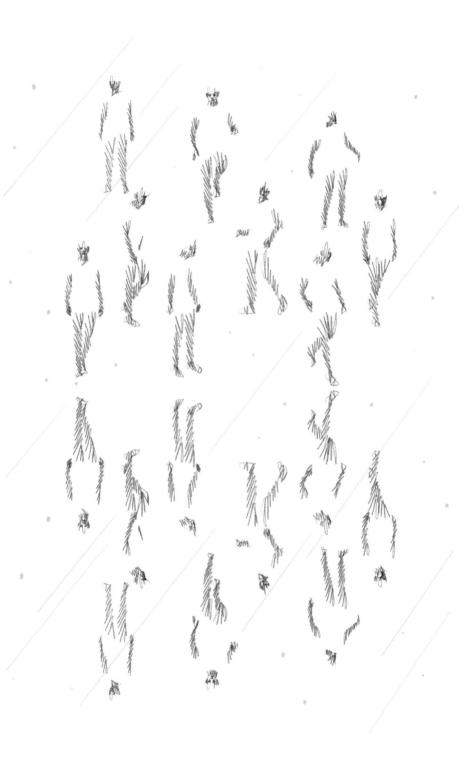

비어 있으므로

나는 자유

- 김선우, 〈허공〉

앞으로도 여러분의 일상에는 원인 모를 벼락이 여러 차례 내리칠지도 모릅니다. 시인의 말대로 비어 있다는 것은 결핍이 아니라 자유일 수 있습니다. 타인과 나 사이의 빈 공간은 위험 요소가 아니라, 불확실한 추측들 사이에서 나를 지키는 안전지대가 되어줄 것입니다.

시와
같은
마음으로

어떤 날들이 찾아왔나요 낯선 구름이 드리워진 푸른 초원
에는 양 떼 같은 빛 자국 말도 못하는 울음 그건 대체 무슨
색인가요

답할 줄 모르는 어리석은 마음이 소낙비처럼, 닿지는 않고
젖어갑니다 당신은 알고 있을까 울음이 어디까지 갔는지
자취는 보이지 않고 멀리 가는데

밤이 찾아오고 몰래 초원의 들판이 아득하게 덮여 구름과
구별되지 아니할 때 자박자박 발자국을 내는 것은 달빛이

아닐 거에요

그 밤엔 낡고 흐린 담요를 덮어줄게요 당신은 당신을 키워
요 당신을 삼켜요 당신을 비밀로 삼아요 나는 당신을 업고
밤을 다 걷겠어요 그러니 아무도 몰래

아무도 몰래 어떤 날들이 찾아왔나요 당신과 내가 서 있는
이 초원 위엔 목마른 안타까움이 떠돌고 밤은 아직도 한창
인데,

— 유희경, 〈어떤 날들이 찾아왔나요〉

오늘 하루는 어땠나요. 그동안 어떤
나날들을 보내왔나요. 조용히 앉아 느껴봅니다. 어렴풋이 자
국 같은 것이 보이는 듯합니다. 제대로 볼 수도, 닿을 수도
없지만 마음만은 젖어갑니다. 바쁘게 하루를 보내다 밤이 오
면 내 안에 있는 것들이 더 아득하게 느껴집니다.

답을 알 수 없는 마음을 담요로 덮어두고, 내가 업어 감당
한 채 밤을 걷기로 합니다. 모호함을 선명하게 하거나, 의문
에 답을 내야만 나아갈 수 있는 것은 아니라고 생각합니다.

알 수 없는 것들을 곁에 두고 주어진 하루를 걸어가다 보면 아침이 찾아오고, 또 어떤 날이 찾아오겠죠.

'감내'라는 말을 좋아합니다. 감수하고, 인내하고, 버티고, 이겨내고. 가혹한 단어처럼 느껴질 수도 있지만, 조금 가볍게 사용하여 일상에 적용해 보고자 합니다. 불안한 현실, 상처받은 기억, 답답한 관계, 만족스럽지 못한 일상, 힘든 감정…. 부정적으로 느껴지는 모든 것들에 답을 찾고 해결해야만 앞으로 나아갈 수 있다고 생각한다면 삶은 수시로 멈춰질 것입니다.

하지만 기꺼이 감내하여 순서를 바꿔보려 합니다. 모호하거나 어두운 것들을 억지로 외면하지 않고 마음 한편에 둔 채로, 불편함을 조금은 느끼며 일상을 살아내 보려 합니다. 눈앞에 놓인 하루하루를 충실하게 걸어가다 보면 또 다른 어떤 날이 올 것입니다. 그러다 보면 마음 한편에 놓아두었던 그것이 더 이상 중요하지 않게 되기도 하고, 뜻밖에 해결되기도 하고, 다르게 바라볼 수 있게 되기도 하지 않을까요. 그럴 수 있는 나의 건강함을 믿어보면 좋겠습니다.

그동안 많은 날들을 보내온, 그리고 앞으로도 여러 날을 걸어나가야 할 여러분에게 응원의 말을 전합니다.

에필로그

그리고 옆에서 자고 있는 사랑하는 아내와 딸에게 고맙습
니다.

2021년 11월
황인환 드림

참고문헌

프롤로그

이성복,《뒹구는 돌은 언제 잠 깨는가》, 문학과지성사, 1992.

1부

김소연,《수학자의 아침》, 문학과지성사, 2013.

류시화,《새는 날아가면서 뒤돌아보지 않는다》, 더숲, 2017.

박상천,《5679는 나를 불안케 한다》, 문학아카데미, 1997.

김수영,〈김수영의 행복어 사전-에우 프라테인〉,《중앙SUNDAY》, 2018년
　　　4월 14일자.

기형도,《입 속의 검은 잎》, 문학과지성사, 1989.

크리스토퍼 차브리스·대니얼 사이먼스,《보이지 않는 고릴라》, 김명철 옮김,
　　　김영사, 2011.

탈 벤 샤하르,《완벽의 추구》, 노혜숙 옮김, 위즈덤하우스, 2010.

박두순,《인간 문장》, 언어의집, 2019.

정호승, 《외로우니까 사람이다》, 창비, 2021.

2부

하재연, 《우주적인 안녕》, 문학과지성사, 2019.
이시영, 《은빛 호각》, 창비, 2003.
박소란, 《심장에 가까운 말》, 창비, 2019.
이성복, 《남해 금산》, 문학과지성사, 1986.
최영미, 《서른, 잔치는 끝났다》, 이미출판사, 2020.
최승자, 《즐거운 일기》, 문학과지성사, 1984.
이병률, 《이별이 오늘 만나자고 한다》, 문학동네, 2020.
프랭크 워렌, 《비밀엽서》, 신현림 옮김, 크리에디트, 2008.
강은교, 《그대는 깊디 깊은 강》, 미래사, 1991.
이수동, 《토닥토닥 그림편지》, 아트북스, 2010.
무라카미 하루키, 《잡문집》, 이영미 옮김, 비채, 2011.

김춘수, 《김춘수 시선》, 지만지, 2012.

3부

미하이 칙센트미하이, 《몰입의 즐거움》, 이희재 옮김, 해냄, 2021.
반칠환, 《뜰채로 죽은 별을 건지는 사랑》, 지혜, 2012.
이준관, 《천국의 계단》, 서정시학, 2014.
에리히 프롬, 《사랑의 기술》, 황문수 옮김, 문예출판사, 2006.
김수영, 《김수영 전집 1》, 민음사, 2018.
틱낫한, 《화》, 최수민 옮김, 명진출판사, 2008.
김선우, 《녹턴》, 문학과지성사, 2016.

에필로그

유희경, 《우리에게 잠시 신이었던》, 문학과지성사, 2018.

마음은 괜찮냐고 시가 물었다

시 읽어주는 정신과 의사가 건네는 한 편의 위로

초판 1쇄 발행 2021년 12월 7일
초판 6쇄 발행 2023년 7월 10일

지은이 황인환
기획자 유승준
펴낸이 권미경
책임편집 이정주
마케팅 심지훈, 강소연, 김재영
일러스트 성립
디자인 형태와내용사이
펴낸곳 (주) 웨일북
출판등록 2015년 10월 12일 제2015-000316호
주소 서울시 마포구 토정로 47, 서일빌딩 701호
전화 02-322-7187 **팩스** 02-337-8187
메일 sea@whalebook.co.kr **인스타그램** instagram.com/whalebooks

ⓒ 황인환, 2021
ISBN 979-11-92097-05-3(03180)

소중한 원고를 보내주세요.
좋은 저자에게서 좋은 책이 나온다는 믿음으로, 항상 진심을 다해 구하겠습니다.